Positivez vos émotions au travail

Anne Cherret de La Boissière
Caroline Delabroy

esf
EDITEUR

Management
LES GUIDES

Management
LES GUIDES

Fidèle à l'esprit du magazine *Management*, facile d'accès et très opérationnelle, cette collection propose des guides pratiques qui vous accompagneront dans votre quotidien professionnel comme personnel.

Dans chaque ouvrage, vous trouverez :

✔ des apports méthodologiques synthétiques ;

✔ des exercices pour vous entraîner : quiz, mises en situation, autoévaluations jalonnent votre lecture ;

✔ des conseils pratiques, des témoignages pour illustrer les outils proposés ;

✔ des points clés repérables d'un seul coup d'œil, à réexploiter dans vos missions quotidiennes ;

✔ et, en fin d'ouvrage, les résultats des exercices commentés afin de capitaliser et de progresser.

Quatre axes de développement professionnel vous sont proposés grâce à cette collection : Efficacité professionnelle ; Pratique du management ; Développement personnel ; Les outils du pro.

Division de Reed Business Information - SAS au capital de 4 099 168 €
Forum 52 - 52, rue Camille-Desmoulins, 92448 Issy-les-Moulineaux Cedex
Président : Antoine Duarte - Directeur de publication : Antoine Duarte
Direction éditoriale : Sophie Courault
Responsable éditoriale : Virginie Hamelin
Édition : Claire Cabaret
Relecture – correction : Carole Fossati
Illustrations : Patrick Chenot
Composition : Maryse Claisse
www.esf-editeur.fr
3e édition 2012
ISBN : 978-2-7101-2432-0 / ISSN : 1771-9895

Dans la même collection

Si vous avez aimé cet ouvrage, retrouvez les autres titres de la collection :

Série Efficacité professionnelle

- ✔ *Changer de job*
- ✔ *Comment manager votre manager ?*
- ✔ *Cultivez efficacement vos réseaux*
- ✔ *Décidez vite, décidez bien*
- ✔ *Développez votre culture générale*
- ✔ *Dynamisez vos réunions*
- ✔ *Faites rebondir votre carrière*
- ✔ *Gérez votre temps… pour en gagner !*
- ✔ *Lisez vite, lisez mieux*
- ✔ *Optimisez votre organisation*
- ✔ *Réorientez votre carrière*
- ✔ *Réussissez dans vos nouvelles fonctions*
- ✔ *Réussissez toutes vos négociations*
- ✔ *Réussissez vos prises de parole*
- ✔ *Savoir se vendre*
- ✔ *Sept minutes pour convaincre*
- ✔ *Zéro faute à l'écrit comme à l'oral*

Série Pratique du management

- ✔ *Déléguez en toute sérénité*
- ✔ *Évaluez vos collaborateurs pour bien manager*
- ✔ *Fédérez votre équipe avec succès*
- ✔ *Libérez vos talents de manager*
- ✔ *Managez avec humour*
- ✔ *Managez des personnalités difficiles*
- ✔ *Managez en restant vous-même*
- ✔ *Managez un projet avec succès*
- ✔ *Motivez pour gagner*
- ✔ *Optimisez vos relations aux autres*
- ✔ *Recrutez gagnant-gagnant*
- ✔ *Toutes les clés d'un bon coaching*

Série Développement personnel

- ✔ *Affirmez-vous au quotidien*
- ✔ *Apprenez à vous connaître*
- ✔ *Bien se connaître pour réussir*
- ✔ *Boostez votre créativité*
- ✔ *Boulot-vie privée : équilibrez vos vies*
- ✔ *Décidez d'être heureux au bureau*
- ✔ *Développez votre confiance en vous*
- ✔ *Toutes les clés du savoir-vivre au bureau*
- ✔ *Mieux communiquer avec la PNL*
- ✔ *Mieux vivre avec votre stress*
- ✔ *Musclez votre mémoire*
- ✔ *Toutes les clés pour être écolo au bureau*

Série Les outils du pro

- ✔ *Auto-entrepreneur : 99 pistes de business*
- ✔ *Réussissez votre business sur le web*
- ✔ *Toute la finance pour non-financiers*
- ✔ *Toutes les clés de l'auto-entrepreneur*
- ✔ *Toutes les clés du droit du travail*
- ✔ *Toutes les clés d'un business plan réussi*
- ✔ *Toutes les clés d'une stratégie gagnante*
- ✔ *Toutes les clés pour réussir son plan marketing*

Hors-série

- ✔ *La bible du manager*
- ✔ *La bible pour bien communiquer*
- ✔ *La bible pour bien gérer son temps*
- ✔ *La bible pour bien négocier*
- ✔ *La bible pour bien travailler avec les autres*
- ✔ *Réussissez votre création d'entreprise*

Sommaire

CHAPITRE 4

CHAPITRE 5

CHAPITRE 6

Introduction

Impossible d'en faire l'économie ! Les émotions ne sont plus laissées à la porte de l'entreprise, comme ce fut le cas pendant de longues années de disette émotionnelle.

Dans les organisations du XXIe siècle, elles sont au contraire reconnues et perçues comme un facteur supplémentaire de réussite. Le modèle du technocrate a en effet vécu : à un spécialiste froid, on préférera le plus souvent un expert dont les habiletés émotionnelles et relationnelles permettent d'encourager chacun à donner le meilleur de soi-même.

Qu'elles soient positives (joie, désir...) ou négatives (peur, colère, tristesse, dégoût, mauvaise surprise...), prenez tout d'abord conscience que toutes vos émotions sont utiles.

À condition d'être bien gérées, elles nourrissent la motivation, elles vous poussent à aller de l'avant, vous aident à communiquer, à prendre et annoncer des décisions, à bien vivre le changement et à affirmer votre leadership. Elles ont également une fonction d'alerte, puisqu'elles vous informent sur un environnement ou une situation et vous permettent ainsi de mieux vous adapter. Il serait donc dommage de vous priver d'une telle boîte de Pandore !

Cet ouvrage vous apporte des méthodes pratiques pour apprendre à vous servir de vos émotions et à transformer les plus négatives en moteur de réussite. Car tout le monde a en soi la cartographie des émotions fondamentales. Mais face à des émotions difficiles à vivre, la tentation est grande de mettre en place des mécanismes de fuite ou de déni.

Pour dépasser ces obstacles, vous disposez de moyens concrets : soyez à l'écoute de vos émotions ; apprenez à mettre un nom dessus, à comprendre les mécanismes qui s'opèrent en vous, à exprimer vos ressentis avec des mots clairs et vous pourrez alors commencer à les gérer et les utiliser à des fins de réussite et d'épanouissement personnel.

Entraînez-vous à faire appel à l'ascenseur émotionnel® afin de laisser au rez-de-chaussée les réactions primaires et préférer une réaction émotionnellement réfléchie et adaptée. Gardez toujours à l'esprit les bénéfices que vous pouvez tirer du fait de positiver vos émotions. Vous constaterez que vos zones d'inconfort de départ deviendront des zones de progrès, puis de confort, ce qui renforcera votre confiance en vous et vous permettra de mieux vivre en entreprise.

L'intelligence émotionnelle serait amputée d'un bras si vous omettiez les autres. Tout ce processus d'écoute, d'identification, d'expression, de compréhension, de gestion et d'utilisation des émotions doit s'appliquer dans votre relation à l'autre.

Avoir conscience de vos forces et de vos faiblesses vous permettra de développer une empathie envers les autres et de construire des relations authentiques basées sur l'échange et la confiance mutuelle, dénuées de tout jeu de pouvoirs.

Pratiquée au quotidien, l'intelligence émotionnelle tend à instaurer un état d'esprit où la performance va de pair avec le confort dans le travail. Vous trouverez dans ce guide toutes les clés pour parvenir à construire cette nouvelle identité porteuse de sens et d'efficacité !

Chapitre 1

Apprivoiser ses émotions

Objectifs du chapitre

✗ Détecter et décoder les principales émotions.

✗ Connaître le fonctionnement des émotions.

✗ Comprendre le rôle des émotions au travail.

Section 1

Identifiez les sept grandes émotions

La palette des émotions est riche, tant celles-ci viennent puiser au plus profond de notre inconscient. Dans le cadre de l'entreprise, sept émotions dites fondamentales sont plus particulièrement mises à l'épreuve, qu'elles soient positives ou négatives. Connaître ces émotions, comprendre ce qu'elles signifient et mettent en jeu, vous permettra par la suite de pouvoir les détecter et de les exploiter à bon escient.

1 Décodez les émotions positives

Qu'est-ce qu'une émotion positive ? Pourquoi est-elle ainsi qualifiée ? Pensez à des situations récentes de bien-être ou de plénitude et vous pointerez du doigt ce que désigne la notion d'émotion positive : la satisfaction d'avoir mené un projet à son terme, le rêve d'un voyage à venir ou d'une promotion qui ouvrira des nouveaux horizons… Ces différents exemples illustrent des états émotionnels où il est question de contentement, de plaisir, d'envie d'aller de l'avant ; bref, d'instants agréables à vivre.

C'est pourquoi ces émotions sont recherchées et valorisées. Dans le monde du travail, deux d'entre elles sont particulièrement en jeu : la joie et le désir.

✔ ***La joie :*** elle est le signe qu'un objectif a été atteint, une demande satisfaite. Communicative, éphémère, elle engendre détente et plaisir. Elle alimente en outre votre créativité. Sous le coup de la joie, les choses deviennent de l'ordre du possible, vos éventuelles inhibitions sont levées. Selon votre caractère et le contexte dans lequel vous vous trouvez, la joie s'exprimera de différentes façons, allant du contentement, de la sérénité, de la gaieté, à l'exaltation, la jubilation, ou même l'extase.

✔ ***Le désir :*** désirer quelque chose, c'est avant tout exprimer une envie, un souhait et pourquoi pas un rêve. Il est considéré comme une émotion positive car le fait même d'imaginer ce désir concrétisé procure du plaisir, mais surtout nourrit votre motivation pour atteindre le but souhaité.

> ## Mémento
>
> ### Quelles définitions pour le mot « émotion » ?
>
> **Le *Petit Robert* donne deux définitions de l'émotion :**
>
> **➜ Mouvement, agitation d'un corps collectif pouvant dégénérer en troubles. *Exemple :* « Une certaine émotion commençait à gagner le peuple, l'armée. »**
>
> **➜ État de conscience complexe, généralement brusque et momentané, accompagné de troubles physiologiques (pâleur ou rougissement, accélération du pouls, palpitations, sensation de malaise, tremblements, incapacité de bouger ou agitation).**

❷ Décodez les émotions négatives

A contrario, les émotions négatives sont de l'ordre du subi. Désagréables à vivre, elles inspirent crainte et évitement. Pour autant, vous ne devez pas les bannir de votre carte émotionnelle.

Elles existent et sont inhérentes à la vie au sein d'une entreprise ou d'un groupe. Elles sont au nombre de cinq :

✔ ***La peur :*** c'est la patronne de nos émotions, celle qui est à la fois la plus répandue et la plus taboue. Difficile en effet d'avouer à son manager qu'un projet vous fait peur ou que vous craignez de prendre la parole en public. Qu'est-ce donc que cette peur qui va parfois jusqu'à la paralysie et l'effroi, et au minimum engendre angoisse et inquiétude ? La peur est l'émotion primaire par excellence, dans le sens où elle vous avertit d'un danger, réel ou subjectif. Elle peut être relayée par la colère, lorsque la personne veut masquer sa vulnérabilité.

✔ ***La colère :*** exprimée ou contenue, la colère dévore votre énergie. Elle révèle une insatisfaction ou une frustration et agit contre la personne, l'objet ou la situation responsable de cet état de fait.

✔ ***La tristesse :*** abattement passager, mélancolie persistante, chagrin plus profond, la tristesse peut recouvrir de nombreuses réalités au sein de l'entreprise. Elle révèle un manque affectif qui peut naître d'un projet avorté, du départ à la retraite d'un collaborateur, d'un changement de manager, autant d'événements qui viennent bousculer votre sphère affective. La tristesse entraîne une baisse d'énergie ou peut se transformer en colère chez ceux qui ne veulent pas paraître fragiles.

✔ ***La surprise :*** c'est une émotion en général négative, puisque les bonnes surprises s'apparentent à de la joie. Les imprévus, qui surviennent lors de la conduite d'un projet par exemple, constituent autant de « mauvaises surprises » qu'il va vous falloir gérer. Après un instant de paralysie, cette émotion vous conduit à intégrer ces aléas et à trouver des solutions afin de mener à terme votre projet.

✔ ***Le dégoût :*** il survient lorsque des pratiques professionnelles viennent heurter votre éthique, vos valeurs personnelles, ainsi que la déontologie qui sied à votre corporation ou à votre secteur d'activité. Vos réactions peuvent être diverses et aller de l'agressivité et de la colère, à la tristesse et au retrait (vous ne voulez alors plus faire partie du jeu).

Pour aller plus loin

Les émotions secondaires et combinées

Sachez qu'il existe à côté des émotions primaires (parce que liées à un événement extérieur et à des peurs physiques), des émotions dites secondaires et combinées :

➜ Les émotions secondaires ont été apprises par conditionnements. C'est, par exemple, la peur de perdre son travail ou celle de ne pas être à la hauteur de son nouveau poste. Plus généralement, elles englobent les peurs sociales.

➜ Les émotions combinées ou complexes sont ainsi appelées parce que plusieurs sensations sont éprouvées. La jalousie, par exemple, implique à la fois de la peur (celle d'être quitté, humilié, rejeté), de la colère et de la tristesse. L'embarras, la culpabilité, la honte, la fierté, l'orgueil et l'anxiété constituent également des émotions complexes.

Et vous, où en êtes-vous ?

La palette des émotions

Voici pêle-mêle des adjectifs qui qualifient des émotions. Amusez-vous à trouver à quel type d'émotions font référence les adjectifs ci-dessous, en cochant la case adéquat :

	PEUR/ SURPRISE	COLÈRE	TRISTESSE/ DÉGOÛT	JOIE/DÉSIR
Heureux				
Peiné				
Furieux				
Terrifié				
Amer				
Tendu				
Émerveillé				
Stressé				
Agité				
Interdit				
Écœuré				
Confiant				
Charmé				
Déprimé				
Agressif				
Méfiant				
Surpris				
Irrité				
Mélancolique				
Exalté				
Soucieux				
Hystérique				
Apathique				
Motivé				
Contrarié				
Attiré				
Glacé				
Jaloux				
Indifférent				
Euphorique				
Impuissant				
Frustré				
Troublé				
Résigné				
Serein				
Combatif				

Pour connaître le résultat de votre autoévaluation, reportez-vous page 117.

Section 2

Décryptez le processus émotionnel

Toutes vos émotions sont déclenchées par un stimulus, externe ou interne, qui agit sur votre cerveau. L'émotion peut emprunter un circuit irrationnel ; votre réaction sera alors instinctive et immédiate. Elle peut également faire appel au cortex, c'est-à-dire à la réflexion, soit par le biais d'un circuit rationnel (votre réponse émotionnelle sera alors raisonnée), soit par celui d'un circuit encore plus lent : le conscient (votre réaction sera plus analytique).

1 Repérez ce qui est à l'origine de votre émotion

Une émotion est quelque chose qui « vous arrive » et non que vous souhaitez déclencher.

À l'origine de toutes les émotions, il y a en effet soit :

- ✔ ***un stimulus externe :*** il résulte alors d'une situation ou d'un facteur extérieur. Il peut donc s'agir d'un signe qui entre dans votre champ de vision (la gestuelle brusque d'une personne, le visage en colère de votre interlocuteur), du bruit environnant (un cri, un crissement de pneu, une explosion, un silence), ou de la sensation d'un danger (une ombre qui plane, une voiture que vous voyez surgir dans votre rétroviseur). Dans l'entreprise, un travail mal fait ou une injustice peuvent constituer le stimulus extérieur qui déclenchera votre colère.
- ✔ ***un stimulus interne :*** vos souvenirs, vos représentations mentales constituent également des déclencheurs d'émotions. Ainsi, une personne pourra-t-elle éprouver une forme de tristesse face à un binôme qui fonctionne bien et lui rappelle l'équipe à succès qu'elle formait avec quelqu'un par le passé.

Le champ des stimuli est vaste, à l'image des émotions qu'ils provoquent. Plus vous appréhenderez ce qui déclenche en vous la peur, la joie ou toute autre émotion, et mieux vous parviendrez par la suite à les identifier.

Sachez qu'il existe des stimuli prévisibles et d'autres imprévisibles. La voiture figure parmi la première catégorie. Enfant, vous avez certainement appris à faire attention à la circulation. Instinctivement, vous pouvez ainsi reculer afin d'éviter un accrochage, alors que l'automobile est à peine entrée dans votre champ de vision. Les stimuli imprévisibles sont de nature physiques mais aussi psychologiques, comme par exemple un fruit trop amer qui va vous faire ressentir du dégoût, ou une représentation mentale qui va vous prendre par surprise.

Mémento

Émotion et sentiment

Émotion et sentiment sont deux notions souvent confondues dans le langage courant. Pourtant, elles sont dissociées.

Si l'émotion est déclenchée par un stimulus et donc ne se contrôle ni se simule, le sentiment, quant à lui, exige un effort de rationalisation.

Le sentiment est en effet lié surtout à des représentations mentales ; il est une construction de l'esprit et n'ordonne pas forcément au cerveau de réagir.

Notez enfin que le stimulus peut différer selon la culture considérée. Quelqu'un qui parle fort et avec véhémence peut provoquer de la peur dans une culture nord-européenne, alors que ce comportement paraîtra normal dans des cultures plus méditerranéennes et ne déclenchera donc pas d'émotion particulière.

Voici quelques exemples de déclencheurs d'émotions et des réactions qui s'ensuivent :

Déclencheur	Émotion	Réaction émotionnelle
Menace	Peur	Fuite
Obstacle	Colère	Attaque
Perte	Tristesse	Repli sur soi
Danger immédiat	Surprise	Sursaut
Substance nuisible	Dégoût	Rejet
Envie	Joie / Désir	Approche

❷ Percevez le mécanisme émotionnel qui s'opère en vous

Entre le stimulus et la réaction émotionnelle à proprement parler, l'émotion va emprunter tout un cheminement à l'intérieur de votre cerveau. L'amygdale – nommée ainsi parce qu'elle ressemble à une amande (*amygdala* en latin) – joue un rôle central dans ce processus. Située dans la région limbique (voir encadré « Pour aller plus loin » ci-contre) du cerveau, cette petite structure recueille les informations transmises par le stimulus.

Comment naît une émotion

étape 1 — Un stimulus

L'émotion ne naît pas d'elle-même. Elle est provoquée par un stimulus extérieur (un événement, une situation) ou intérieur (un souvenir, une représentation mentale).

étape 2 — La transmission du message

Le stimulus envoie une information au cerveau qui la traite soit par le circuit court et irrationnel, soit par des circuits plus longs qui passent par le cortex.

étape 3 — La réaction émotionnelle

L'émotion implique dans un troisième temps une manifestation émotionnelle. Cette réaction sera immédiate et physiologique dans le cas du circuit irrationnel, et plus réfléchie et analytique dans le cas des circuits rationnels et conscients.

À partir de là, plusieurs circuits sont possibles, selon vos expériences et les habitudes ancrées dans votre cerveau :

✔ ***Le circuit irrationnel :*** ultra-rapide, il entraîne une réaction émotionnelle spontanée. Basé sur la mémoire émotionnelle, il peut court-circuiter votre cortex (voir encadré « Pour aller plus loin » ci-contre) et le prendre sous son emprise. C'est, par exemple, le réflexe qui vous fait reculer d'un pas à la vue d'un objet menaçant, sans que vous ayez identifié consciemment son réel danger. L'émotion est alors ressentie avant d'être nommée. C'est ce circuit qui vous permet d'échapper à un danger immédiat et physique.

✔ ***Le circuit rationnel :*** plus lent, il permet une première analyse du stimulus par le cortex. La perception partielle et initiale est alors confirmée ou non. Si l'on poursuit avec l'exemple précédent, le cerveau prendra le temps d'identifier la réalité du danger de l'objet en question. Ainsi, il vous informera que ce que vous avez pris pour un serpent n'est autre qu'une branche tordue.

✔ ***Le circuit conscient :*** très lent, il va aussi faire appel au cortex. Ce circuit vous permet de gérer vos émotions, de faire face à la situation et de réagir en bonne intelligence. Dans notre exemple, ce circuit vous fera continuer la marche, malgré l'objet en question.

Tout ce processus est bien entendu invisible. Ce que perçoit votre entourage, ce n'est pas l'émotion en tant que telle, mais ses manifestations physiques, comme le fait d'être rouge de colère, d'avoir les mains qui tremblent, la sueur qui perle au visage, etc.

Pour aller plus loin

Le cerveau limbique, siège de vos émotions

Chez l'être humain, trois cerveaux sont superposés, fruits de l'évolution de l'espèce :

➜ Le cerveau reptilien : héritage archaïque, ce cerveau semblable à celui des reptiles commande vos principaux réflexes, qu'ils soient de défense, de peur ou d'imitation.

➜ Le cerveau limbique : proche de celui des mammifères, il enregistre les blessures et moments douloureux, autant que les plaisirs et les succès. Il garde ainsi en mémoire toutes vos émotions.

➜ Le cortex : cette partie la plus développée de votre cerveau est celle qui vous permet de penser et de communiquer.

Section 3

Assimilez les différentes fonctions des émotions

Les émotions sont utiles à plus d'un titre. D'abord, elles constituent un signal d'alerte, qui vous informe à la fois sur une situation et sur la façon dont vous la vivez. Mais plus encore, elles vous aident à vous adapter et vous préparent à l'action. Car sans émotion, positive ou négative, il vous est impossible d'aller de l'avant, ni de construire et de conduire des projets.

❶ Appréhendez les émotions comme un moyen de survie

L'émotion est un état affectif qui se caractérise par une perturbation psychologique (la peur, la joie, la tristesse, etc.) et physiologique (modification de la tension artérielle, augmentation de la fréquence cardiaque, apparition de rougeurs, etc.). Autrement dit, les émotions préparent votre organisme à faire face au danger. Ces réponses corporelles automatiques, qui relèvent du domaine de l'inné, vous aident à rester en vie.

Les émotions sont donc utiles, mais pas seulement lorsqu'elles alertent et vous permettent d'échapper à un danger immédiat.

Leur fonction va bien au-delà :

✔ ***Les émotions vous informent sur vous-même :*** la gorge qui se serre, le nœud à l'estomac, une vague de joie sont autant de sensations qui – si vous savez les écouter – vous avertissent sur votre état émotionnel.

✔ ***Les émotions vous informent sur votre environnement :*** le stimulus renseigne également sur le cadre dans lequel vous vous inscrivez, selon qu'il diffuse en vous une sensation de plaisir ou de déplaisir, d'attirance ou d'aversion.

La transmission d'informations par les émotions

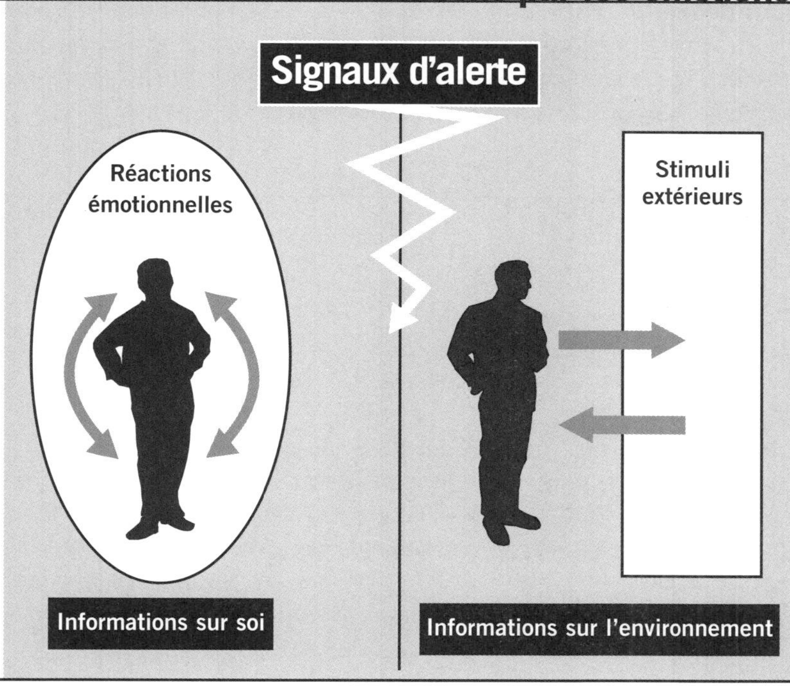

Les émotions vous transmettent donc un signal d'alerte. Plus précisément, la peur vous indique un danger à contourner ou à surmonter. La colère, par la décharge d'adrénaline qu'elle induit, vous oblige à trouver une solution pour régler le problème ou la situation qui vous courrouce. Car il faut bien calmer un organisme sous trop haute tension. La tristesse, quant à elle, est le signe d'un deuil. Elle est un moyen de survie dans le sens où elle annonce un retour à un état de sérénité. Enfin, la joie et le désir déclenchent de la dopamine, l'hormone dite du plaisir. Ces deux émotions portent en elles un message de bien-être physique.

Faisceaux d'informations à multiples facettes, les émotions aident à vous adapter. C'est une de leurs fonctions essentielles. Ainsi, vous n'adopterez pas le même comportement si vous percevez chez votre interlocuteur de la colère ou de la satisfaction. De même, face à une situation d'urgence, un rapport à rendre au plus vite, vous agirez en conséquence en mobilisant toute votre concentration.

Cette capacité d'adaptation est cruciale dans l'entreprise puisqu'elle vous permet de durer et de vivre le travail de façon harmonieuse et constructive. Et ce d'autant plus que le monde du travail évolue de plus en plus vite. C'est pourquoi il vous faut prendre en compte les émotions, qu'elles soient positives ou négatives.

Mémento

Les caractéristiques d'une émotion

Voici quelques-uns des signes physiques ou physiologiques caractéristiques d'une émotion :

➜ La peur : rythme cardiaque accéléré, tension musculaire, tremblement des membres, pupille dilatée, pâleur ou rougeur, gorge et estomac noués.

➜ La colère : rythme cardiaque accéléré, tension musculaire, essoufflement, bouffées de chaleur, débit verbal accéléré, montée sonore du ton, gestes saccadés, rougeur ou pâleur, débit verbal rapide.

➜ La joie : sourire, rire, larmes, détente musculaire, effusion verbale, gestes amples.

➜ La tristesse : expression du visage vide, sourcils bas, commissure des lèvres tombante, langueur musculaire, regard sans vie, somatisations diverses (maux de tête, maux d'estomac, etc.).

❷ Préparez-vous à l'action grâce aux émotions

L'émotion, c'est avant tout de l'énergie. Passées les premières réactions physiologiques, qui jouent en quelque sorte le rôle d'alerte mentale, l'émotion va commander d'entreprendre une action.

De fait, chaque émotion sous-tend un mouvement :

✔ la peur adresse un signal de fuite ;
✔ la colère ordonne d'attaquer ;
✔ la tristesse implique un mouvement de retrait, de repli sur soi ;
✔ la joie ou le désir vous pousse vers l'autre ;
✔ le dégoût amène un rejet ;
✔ la surprise déclenche un sursaut.

Votre éducation, vos expériences et, de façon plus générale, la vie en société viennent certes corriger ces actions primaires. Mais sachez que sans émotion, vous ne pouvez aller de l'avant, que ce soit dans la sphère intime ou professionnelle. Les émotions sont un véritable moteur. Elles sont l'énergie qui va vous permettre d'agir pour dénouer les situations difficiles. *Exemple :* la tristesse va vous inciter à lâcher prise sur un événement afin de pouvoir le dépasser. Ayez d'ores et déjà conscience que ce qui va vous aider à passer du signal à l'action, c'est votre intelligence émotionnelle, c'est-à-dire la compréhension de vos émotions et votre capacité à en tirer parti.

Conseil pratique

Faites face aux émotions désagréables

Face à des émotions désagréables, la tentation est grande de fuir ou d'esquiver. Pourtant, ces émotions ont aussi une utilité. Elles vous informent au même titre que les émotions plus positives. Les nier ne vous apporte rien de bon et risque même de vous couper d'une certaine réalité.

***Exemple :* si vous ne mettez pas un mot sur la colère que vous ressentez ni sur les éléments qui en sont la cause, vous n'alimenterez chez vous que frustration et rancœur.**

Pour aller plus loin

« Je ressens, donc je suis »

Dans les années 1990, les travaux du Professeur Antonio Damasio, responsable du département de neurologie de l'université de l'Iowa (États-Unis), ont fait avancer sur la compréhension des émotions. Par ses expériences, Damasio démontre en effet que les émotions ne sont pas des phénomènes purement gratuits, mais participent au contraire aux processus vitaux d'un individu. Sans émotion, ce dernier ne peut vivre en société, prendre des décisions bénéfiques pour lui, puisque ce sont elles qui le poussent justement à l'action.

L'absence d'émotions empêche donc d'être cohérent et rationnel : c'est ce qu'a pu constater Damasio chez un accidenté de la route, dont l'amygdale avait été touchée et ne jouait plus son rôle de régulateur des émotions.

Section 4

Détectez la culture émotionnelle de votre entreprise

Les émotions ne tiennent pas la même place selon les différentes organisations de travail. Il est donc important de repérer la culture dominante de votre entreprise (management par le stress, paternalisme, culture du résultat...) ; cela vous aidera à mieux définir votre marge de manœuvre quant à l'expression et l'usage de vos émotions.

1 Percevez l'environnement émotionnel de votre cadre de travail

La place accordée aux émotions va dépendre des valeurs de votre entreprise, mais aussi de la période qu'elle traverse : le contexte émotionnel ne sera en effet pas le même dans un cycle de prospérité et de développement, que lors d'une crise.

À la suite des travaux du chercheur américain Brian P. Hall, plusieurs cultures émotionnelles peuvent être distinguées :

- ✔ ***le management par le stress :*** l'entreprise est en survie et doute de sa longévité, l'émotion phare est donc la peur ;
- ✔ ***les entreprises paternalistes :*** le chef prend la posture symbolique du père et s'attribue un droit quasi exclusif à exprimer ses émotions, en particulier la colère ;
- ✔ ***la culture du résultat :*** les émotions positives sont seules autorisées dans un but de performance et de créativité des équipes ;
- ✔ ***la culture identitaire :*** toutes les émotions sont bonnes à vivre pourvu que l'intensité soit à son point optimal ;
- ✔ ***les entreprises adultes :*** entrées dans l'âge de la maturité, elles accordent une juste place aux émotions.

Un peu d'histoire

Du tabou à l'ultrareconnaissance

Aujourd'hui, l'émotion est reine. Elle est partout : sur les unes des magazines, à la télévision où les témoignages d'anonymes font florès, dans la publicité qui s'appuie sur l'émotion pour vendre une image ou un produit ; dans la rue aussi, où les mouvements sociaux sont l'occasion d'émotions collectives, tout comme les grands rendez-vous sportifs. L'entreprise n'échappe pas à ce tout-ambiant émotionnel. Depuis les années 1980-1990, la joie et le désir doivent pouvoir s'exprimer, puisqu'un salarié heureux et épanoui est plus performant qu'un salarié malheureux et aigri. Plus récemment, stages de développement personnel et séminaires résidentiels à l'extérieur de l'entreprise se sont multipliés. Avec un leitmotiv : le bonheur comme obligation.

2 Repérez votre marge de manœuvre

Avant d'acquérir les méthodes pour gérer vos émotions, il est donc important d'analyser le contexte dans lequel vous évoluez. Vous pourrez ainsi évaluer votre marge de manœuvre et identifier les émotions que vous allez plus particulièrement apprendre à positiver.

Le tableau ci-dessous vous aidera à établir un programme d'action en conséquence :

Le contexte émotionnel	Marge de manœuvre / Programme d'action
Management par le stress	Votre priorité consiste à savoir gérer le stress et la peur, deux émotions à haut potentiel paralysant. Vous constaterez que votre marge de manœuvre n'en sera que plus grande.
Entreprises paternalistes	Identifier et sortir des jeux de pouvoir, apprendre à gérer les émotions des autres, savoir exprimer vos émotions même devant un chef paternaliste, telles sont les grandes lignes de votre programme d'action.
Culture du résultat	Vos émotions positives sont certes instrumentalisées et soumises au diktat de la performance, mais cela ne vous empêche pas d'utiliser tout l'éventail de vos émotions afin d'en faire un allié de votre réussite.
Culture identitaire	Votre marge de manœuvre est importante puisque l'émotion tient un rôle central. Dans un tel contexte, il vous faudra tout particulièrement canaliser les émotions de votre interlocuteur.
Entreprises adultes	Votre marge de manœuvre est totale. C'est le cadre de travail idéal pour positiver vos émotions et consolider votre intelligence émotionnelle.

Et vous, où en êtes-vous ?

Quel est le profil émotionnel de votre entreprise ?

Pour le savoir, lisez avec attention les cas de figures suivants et repérez ceux qui correspondent à votre environnement professionnel. Entourez ensuite les numéros qui correspondent à votre sélection.

1	Toute l'entreprise est mise sous tension, le management est centré sur l'action à court terme, voire l'urgence, la menace pèse et le stress est élevé, il n'y a pas de régulation ni d'écoute véritable, il faut réussir à tout prix.
2	« Le chef vous aime, vous aimez le chef », tel est le credo de votre entreprise. Le management y est affectif, de type paternaliste. Le rituel d'adoration du chef est important, la colère est le privilège du chef.
3	Votre entreprise est centrée sur les résultats opérationnels et sur la qualité relationnelle ; elle allie performance, créativité et épanouissement des équipes.
4	Votre entreprise, dans la peur de ne plus exister demain, maintient ses collaborateurs dans la survie. Aucune place n'est laissée aux états d'âme, seuls l'action (voire la précipitation) et un style de management très directif priment.
5	Vous et vos collègues oscillez entre l'euphorie et la déprime ; l'entreprise oscille entre nostalgie et désir, elle s'explore sans limite et se cherche, ce qui freine l'action et les décisions.
6	Vous éprouvez de la satisfaction à travailler dans votre entreprise, vous êtes motivé(e) par les défis et les enjeux de l'entreprise et appréciez le mode de management participatif auquel vous contribuez.

7	Vous ou certains de vos collègues vous sentez « harcelés » ou fortement contrôlés dans les réactions, modes de pensée et d'action. Des comportements vous sont dictés, inculqués et deviennent presque « addictifs ».
8	Chaque collaborateur est fortement associé aux émotions, elles sont vécues collectivement au risque d'être rejeté par la « tribu », pas de place pour les émotions individuelles. Vous devez être en symbiose avec la culture familiale de l'entreprise.
9	Vous ne voyez pas d'avenir, d'évolution dans votre entreprise qui répondrait à vos ambitions, vos aspirations professionnelles et à votre développement personnel.
10	Votre équipe est en cohésion, l'entreprise fédère ses coéquipiers, les accompagne, sait les reconnaître, règle rapidement les tensions et fait émerger des solutions constructives.
11	Les manipulations ou jeux de pouvoir sont l'apanage de votre entreprise, les conflits entre territoires sont générés et entretenus, le chantage affectif est une pratique courante, seul le chef peut arbitrer sans concertation.
12	Votre entreprise a opéré des changements en termes d'enjeux, elle a migré vers une culture et des pratiques qui ne correspondent pas ou plus à vos valeurs ou à votre éthique.

Pour connaître le résultat de votre autoévaluation, reportez-vous page 118.

L'essentiel

POUR APPRIVOISER SES ÉMOTIONS, IL FAUT EN CONNAÎTRE LE FONCTIONNEMENT ET ACCEPTER QU'ELLES JOUENT UN RÔLE VITAL.

1 IDENTIFIEZ LES ÉMOTIONS FONDAMENTALES

Savoir que la peur, la colère, la joie, la tristesse, le dégoût, la surprise et le désir comptent parmi les émotions basiques, et que, plus généralement, une classification existe entre les émotions positives et négatives.

2 COMPRENEZ L'ORIGINE DE VOS RÉACTIONS ÉMOTIONNELLES

Les émotions répondent à un stimulus et peuvent emprunter différents circuits à l'intérieur du cerveau : un circuit irrationnel, un circuit rationnel et un circuit conscient.

3 PERCEVEZ LES ÉMOTIONS COMME UN SIGNAL D'ALERTE

La première fonction des émotions est d'alerter sur un danger, un état affectif ou toute autre situation.

4 DÉCOUVREZ QUE LES ÉMOTIONS SONT LA CLÉ DE VOTRE CAPACITÉ À AGIR

Toutes les émotions sous-tendent une action concrète à mener. Sans elles, pour ainsi dire, le cerveau marche à vide.

5 REPÉREZ VOTRE ENVIRONNEMENT ÉMOTIONNEL

Prendre conscience que les entreprises ou les groupes n'accordent pas le même statut aux émotions pour ainsi mieux mesurer sa marge de manœuvre.

❑ ***Notes personnelles***

Chapitre 2

Identifier son profil émotionnel

Objectifs du chapitre

- ✗ Savoir être à l'écoute de ses émotions.
- ✗ Identifier et nommer ses émotions.
- ✗ Combattre ses automatismes.

Section 1

Laissez parler vos émotions

Pour identifier votre profil émotionnel, vous devez dans un premier temps être à l'écoute de vos émotions. Ouvrez les vannes, percevez et entendez les signaux que vous adresse votre corps et qui vous alertent sur vos différents états émotionnels, qu'ils soient diffus ou aigus. Autre point important : sachez détecter et dépasser les nombreux freins à l'identification et l'expression de vos émotions. Vos réactions défensives sont vos pires ennemis.

1 Écoutez vos émotions pour pouvoir les identifier

Pour vous approprier vos émotions et en tirer parti, il vous faut d'abord être à l'écoute de vous-même. De fait, comment apprendre à gérer la peur sans, dans un premier temps, nommer cette peur ? **Écouter vos émotions implique de percevoir et d'entendre les messages** que votre corps vous adresse. Et ceux-ci sont nombreux. Les émotions se traduisent par différentes expressions du visage et du corps (froncement des sourcils, plissement des yeux, haussement des épaules, tension de la mâchoire, etc.). Elles modifient en outre votre tension intérieure (montée ou baisse d'énergie, rythme cardiaque, tension musculaire, etc.). Ainsi pouvez-vous sentir qu'une émotion monte à certains de ces signes corporels et physiologiques, qui ne trompent pas.

Ayez par ailleurs conscience que même **si vous restez sourd(e) à la manifestation de vos émotions, votre organisme les exprimera,** d'une façon ou d'une autre. Si vous ne lui accordez pas l'attention nécessaire, votre corps se rappellera à vous sous forme d'insomnie, migraine, anxiété, angoisse, manifestations cutanées, etc. En d'autres termes, vous somatisez les émotions non exprimées. Un conseil donc : soyez à l'écoute de vos émotions avant que celles-ci ne vous envahissent ou ne vous perturbent.

❷ Apprenez à dépasser vos réactions défensives

Il est souvent plus difficile de s'écouter soi-même que d'écouter les autres. Pour plus de confort (apparent), par éducation ou caractère, nombreuses sont les personnes à passer au filtre leurs émotions. Ces réactions défensives constituent des obstacles à l'identification et à l'expression de vos émotions.

Sachez détecter les plus courantes :

✔ ***La négation :*** vous refusez de voir ou d'admettre une émotion.

Exemple : vous êtes en colère contre votre collaborateur mais niez ce sentiment dont vous ne savez que faire. Résultat : une incompréhension mutuelle puisque les signaux qu'adresse votre corps (mains crispées, regard noir, etc.) ne collent pas à votre discours sous contrôle.

✔ ***La rationalisation :*** vous cherchez une multitude de raisons pour justifier votre émotion.

Exemple : vous êtes joyeux après avoir obtenu un budget et décortiquez par le menu toutes les raisons de ce sentiment qui vous envahit. Résultat : vous perdez toute la joie initiale et l'énergie créative qui allait avec.

✔ ***La projection :*** vous attribuez à autrui vos propres émotions.

Exemple : vous êtes en colère et lancez à votre collègue, au demeurant très serein : « Pourquoi es-tu de mauvaise humeur ? » Résultat : des malentendus à la chaîne.

✔ ***L'intellectualisation :*** face à des émotions inconfortables, vous utilisez un discours abstrait et froid.

Mémento

Percevez les différents degrés d'émotions

Sachez qu'à l'intérieur de chaque catégorie d'émotions, il existe différents degrés de manifestation :

➜ Les émotions aiguës :
– leur irruption est précise et rapide ;
– elles sont liées à un objet précis ;
– leur durée est brève ;
– elles s'apparentent aux couleurs vives et pures.
Exemples : joie, colère, peur, tristesse, etc.

➜ Les émotions diffuses :
– elles n'ont pas de cause ni de but précis ;
– elles sont sans objet précis ;
– elles peuvent durer longtemps ;
– elles s'apparentent aux couleurs pastel et diluées.
Exemples : humeur maussade, colérique, joyeuse, etc.

Exemple : au lieu d'affronter le fait que vous avez des relations difficiles avec un collaborateur, vous déplacez le curseur en discourant sur la complexité du lien social au travail. Résultat : vous tenez à distance vos émotions.

✔ ***Le refoulement :*** vous refusez aux émotions pénibles ou douloureuses le droit d'exister.

Exemple : vous allez tout mettre en œuvre pour ne pas vivre une situation qui vous dérange. Résultat : vous passez à côté des choses de la vie, bonnes ou mauvaises.

✔ ***Le déplacement :*** vous déplacez l'émotion en la transférant vers autre chose que son objet véritable.

Exemple : irrité par une journée de travail particulièrement pénible, vous vous énervez sur vos enfants une fois rentré à la maison. Résultat : une attitude improductive.

✔ ***La réaction antagoniste :*** vous manifestez une émotion qui est le contraire de celle que vous ressentez réellement.

Exemple : face à un fournisseur dont vous êtes mécontent, vous soutenez que tout va bien. Résultat : vous ne pouvez trouver de solution puisque vous n'affrontez pas la situation.

Conseil pratique

Dépassez les idées reçues

De nombreuses réactions défensives proviennent d'idées reçues sur la place des émotions dans l'entreprise. Des postulats comme « Il faut cacher ses émotions », « Un affectif ne peut être un bon manager », « Les émotions sont des signes de faiblesse », ou bien au contraire « Montrez-vous heureux au travail », ont fait plus de mal qu'autre chose en brandissant l'émotion tantôt comme un tabou, tantôt comme une obligation. Apprenez donc à dépasser ces idées reçues et à trouver la juste expression de vos émotions.

Et vous, où en êtes-vous ?

Êtes-vous capable de laisser parler vos émotions ?

Pour le savoir, évaluez les affirmations suivantes ; puis sélectionnez la réponse adéquate en entourant à chaque fois le nombre de points correspondants.

		Tout à fait	Plutôt	Peu	Pas du tout
1	Je sais apprécier les bons moments, même dans un contexte difficile.	4	3	2	1
2	J'appréhende souvent certaines situations ou risques et j'angoisse assez régulièrement.	4	3	2	1
3	Je suis souvent agacé(e) quand je ne parviens pas à mes fins.	4	3	2	1
4	Je m'ennuie facilement dès que l'environnement ne me stimule plus assez.	4	3	2	1
5	Une information ou nouvelle inquiétante détruit mon énergie et me perturbe plusieurs jours.	4	3	2	1
6	Je réagis violemment verbalement et physiquement à une attitude ou à des propos contraires à mes valeurs.	4	3	2	1
7	Je ris et je transmets ma bonne humeur facilement.	4	3	2	1
8	Une ambiance morose ou des interlocuteurs pessimistes m'affectent vraiment et cela se répercute sur mon humeur.	4	3	2	1
9	Les films violents, certaines catégories d'animaux ou les comportements excessifs m'indisposent et me stressent.	4	3	2	1
10	Mon ton devient agressif et je ressens une tension quand je suis en désaccord et que j'argumente.	4	3	2	1
11	Je prends plaisir à évoquer mes réussites ou à penser à de nouveaux projets, ça me dynamise.	4	3	2	1
12	Je ne souris ni ne ris pas souvent et suis plutôt triste et cafardeux(se).	4	3	2	1

Pour connaître le résultat de votre autoévaluation, reportez-vous page 119.

Section 2

Nommez vos émotions

Tout le monde a en soi la cartographie des émotions de base mais chacun n'en fait pas le même usage pour autant. Pour cerner votre type de personnalité et mettre un nom sur vos émotions dominantes, procédez en trois étapes : analysez votre propension à être ému ou non ; étudiez le retentissement qu'une émotion provoque en vous ; enfin, déterminez si vous êtes plutôt primaire ou secondaire dans vos réactions.

❶ Cernez votre degré d'émotivité

Votre réponse à un stimulus externe ou interne variera tout d'abord selon votre degré d'émotivité, qui mesure la facilité – ou non – avec laquelle vous êtes ému. Deux penchants existent ; vous pouvez être :

- ✔ ***émotif :*** vous sursautez au moindre bruit, versez une larme devant un film et vibrez au moindre enjeu ; vous avez l'enthousiasme et le désespoir faciles ; vos mots préférés sont : « envie », « désir », « espoir », « crainte » ; et votre adage pourrait être : « Le cœur a ses raisons que la raison ne connaît pas » ? Vous êtes donc définitivement émotif ! Un rien vous trouble ou vous étonne. Vous êtes hypersensible et détenez une forte capacité à ressentir des émotions. En somme, face à une situation donnée, vous êtes globalement plus ému que la moyenne des gens ;
- ✔ ***très peu ou non émotif :*** vous ne sursautez pas facilement, votre humeur est plutôt égale ; vos mots et expressions favoris sont : « sang-froid », « objectivité », « impartialité », « la tête sur les épaules », « le refus de faire du sentiment » ; et votre adage pourrait être, à l'inverse : « Il n'est pas de raison avec le cœur en action » ? Vous êtes donc très peu, voire non émotif ! Vous penchez plutôt du côté de la pensée que de celui du sentiment. En somme, pour être ému, il vous faut faire face à une situation particulièrement rare ou troublante, sans quoi vous faites preuve plutôt d'indifférence face aux événements qui vous entourent.

2 Repérez si vous êtes un émotif actif ou non actif

Nous l'avons vu, chaque émotion entraîne une action. Comme pour l'émotivité, chacun ne dispose pas de la même facilité à agir. Certains traits physiques ou attitudes révèlent d'ailleurs si l'on penche du côté du dynamisme (mouvements énergiques, voix saccadée…) ou de la « force tranquille » (traits arrondis, mouvements doux…). Déterminez si vous êtes :

- ✔ ***actif :*** vous êtes combatif, vous débordez d'énergie, ne supportez pas l'inaction et ne remettez jamais au lendemain ce qui peut être fait le jour même. Agir ne vous est pas difficile et, au contraire, vous trouvez une motivation dans les obstacles et contrariétés. Vous êtes définitivement actif !
- ✔ ***non actif :*** vous remettez toujours au lendemain ce qui peut être fait le jour même. Agir vous est difficile, vous êtes facilement découragé et prenez rarement l'initiative. Vos actions sont forcées et réalisées le plus souvent par sens du devoir. Vos motivations, quant à elles, sont irrégulières puisque fonction de vos coups de cœur. Vous êtes donc non actif ! Ceci ne signifie pas que vous n'êtes jamais dans l'action, mais seulement que vous n'y prenez ni goût ni plaisir.

Un peu d'histoire

Les huit types de personnalités

C'est à Gaston Berger, philosophe et chef d'entreprise du XXe siècle, que l'on doit d'avoir réhabilité l'émotion comme un facteur clé de la personnalité, au même titre que les deux autres critères jusque-là reconnus : l'action et la réaction. Novateur, il a identifié huit types de personnalités liés aux états émotionnels : colérique, passionné, sentimental, bilieux, sanguin, flegmatique, apathique, amorphe. Cette classification est toujours d'actualité, tant elle intègre le fait que l'émotion précède la pensée. Il s'agit bien entendu de grandes tendances, qu'il faut considérer comme telles, c'est-à-dire comme des repères et non des catégories *stricto sensu*.

3 Déterminez si vos réactions émotionnelles sont plutôt primaires ou secondaires

Une réaction émotionnelle peut être immédiate, ou prendre un chemin moins rapide, selon qu'elle emprunte un circuit court ou un circuit long. Le temps qui s'écoule entre le stimulus et votre réponse va donc déterminer si vous êtes :

- ✔ ***primaire :*** vous êtes spontané, naturel, impulsif, vous vivez au jour le jour et chez vous ce sont les événements du présent qui priment. Vous faites facilement confiance, mais n'êtes pas à l'abri de l'inconstance ni de caprices en tout genre. Vos réactions sont directes et immédiates. En bref, vous utilisez plutôt le circuit émotionnel court ;
- ✔ ***secondaire :*** vous êtes prévoyant et plutôt inhibé par rapport à vos émotions. Vous ruminez le passé, restez longtemps sur les impressions d'une émotion et vous vous sentez préoccupé par l'avenir. Vos réactions sont indirectes, calculées et différées. En bref, vous avez tendance à utiliser un circuit émotionnel plus long, qui ne s'en tient pas seulement au réflexe.

4 Identifiez votre émotion dominante

La rencontre de ces différents traits de caractère implique des personnalités différentes :

✔ ***Vous êtes colérique ou passionné*** si chez vous l'actif prime. Vous avez de l'énergie et des émotions à revendre. Chez le passionné, ce processus est plus intérieur.

✔ ***Vous êtes sentimental ou bilieux*** si le côté non actif prime chez vous. Le côté sentimental fera que vous êtes soucieux des marques d'attachement ; l'objet de votre angoisse sera plutôt extérieur, incarné par quelqu'un. Chez les bilieux, l'angoisse est plutôt tournée sur ses propres inquiétudes.

✔ ***Vous êtes sanguin ou flegmatique*** lorsque priment chez vous à la fois l'énergie et le côté non émotif. Le sanguin se laisse déborder par son énergie, tandis que le flegmatique, dont les réactions sont de type secondaire, saura rester calme et capturer en quelque sorte l'énergie.

✔ ***Vous êtes amorphe ou apathique*** lorsque prime chez vous l'absence d'énergie alliée à l'absence d'émotivité. Les amorphes expriment physiquement leur personnalité (attitude nonchalante, visage éteint...), tandis que chez les apathiques, il y a plutôt une volonté consciente de se retenir, une décision de ne pas bouger.

C'est donc bien avant tout l'énergie qui modifie la personnalité, selon qu'elle est dirigée vers l'intérieur ou l'extérieur.

Reportez-vous au schéma ci-après et vous visualiserez ainsi quel est votre profil émotionnel dominant.

Les huit types de personnalités

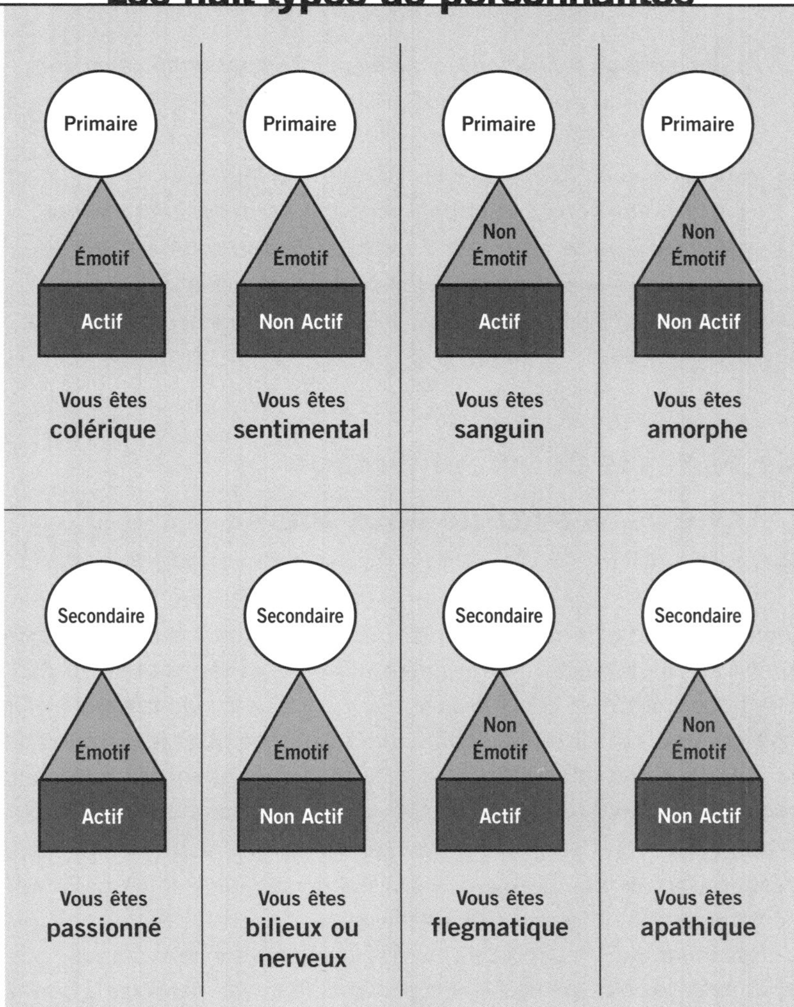

Section 3

Distinguez vos émotions avec précision et justesse

L'émotion est facétieuse : elle ne se laisse pas toujours reconnaître au premier regard, ni à la première sensation intérieure. Pour l'identifier avec justesse, encore faut-il avoir une bonne estime de vous. De fait, si celle-ci vous fait défaut, le « radar » que constitue votre état émotionnel vous apportera des informations déformées, voire erronées. En outre, sachez qu'une émotion fabriquée ou apprise dans l'enfance peut se cacher derrière une émotion authentique. À vous de dénicher ces faux-semblants !

❶ Faites le point sur l'image que vous avez de vous-même

Vous en avez déjà certainement fait l'expérience : lors d'une réunion, le manager fait part de ses critiques générales quant à la façon dont un projet est mené ; de façon très ferme, il fixe des objectifs et un échéancier pour modifier le cours des choses. À la sortie de ladite réunion, les collaborateurs réagissent de différentes façons : certains témoignent de la colère, d'autres de la tristesse ou de la peur, d'autres encore portent un regard lucide sur la situation et, sans attendre, cherchent des solutions pour y remédier.

Cet exemple montre bien que, face à un stimulus identique, le ressenti ne sera pas le même pour tout le monde. Un critère va jouer un rôle déterminant dans le choix de votre réponse émotionnelle : l'image que vous avez de vous-même. Celle-ci peut en effet venir parasiter la bonne perception d'un événement et, par conséquent, infléchir vos émotions. Cette « image de soi » est particulièrement prégnante lorsque vous êtes en situation d'échange ou de face-à-face.

La première étape pour distinguer vos émotions avec justesse consiste donc à faire le point sur votre représentation de vous-même et des autres.

Plusieurs cas de figure peuvent se présenter :

✔ ***Vous vous positionnez en situation d'infériorité :*** vous avez tendance à vous dévaloriser, et posez comme postulat que l'autre est meilleur que vous. Vous estimez votre interlocuteur, au point parfois de lui vouer une admiration démesurée. Plus généralement, votre attitude est négative, voire pessimiste, comme en témoignent certaines de vos expressions privilégiées : « Je n'y arriverai pas », « À quoi bon continuer, je rate tout ce que je fais », « Personne ne m'apprécie », « Il va m'en vouloir », etc. Vos réactions les plus fréquentes : la peur, la culpabilité, la honte, le découragement, etc.

Exemple : vous estimez qu'un client n'a que des droits et pas de devoirs.

✔ ***Vous vous positionnez en situation de supériorité :*** vous aimez vous valoriser et tenir votre interlocuteur en position de faiblesse. Vous lui témoignez facilement mépris et indifférence et n'hésitez pas à faire part de votre irritation : « Je ne peux compter que sur moi-même », « Le collectif tue la performance », « Je ne peux faire confiance qu'à moi-même », aimez-vous à penser. Vos réactions les plus fréquentes : la colère, le mépris, la rancune.

Exemple : vous prenez vigoureusement à parti un fournisseur qui vous a livré en retard, sans y mettre la forme ni écouter ce qu'il a à dire.

✔ ***Vous vous positionnez sur un pied d'égalité :*** vous tenez votre interlocuteur et vous-même en estime. Vous ne cherchez ni à vous

Conseil pratique

Travaillez votre confiance en vous

Voici quelques conseils pour vous aider à avoir une bonne image de vous-même :

→ prenez conscience de vos capacités personnelles et professionnelles. Ne doutez pas à la moindre critique, mais considérez-la au contraire comme un moyen de progresser, car on apprend autant de ses succès que de ses échecs. Enfin, portez un regard bienveillant sur vos atouts, certes, mais aussi sur vos faiblesses ;

→ faites preuve d'optimisme et ne partez pas du principe que tout est impossible. Ouvrez le champ des possibles et n'hésitez pas à vous lancer, à vous confronter à des personnalités difficiles et à des situations inconfortables ;

→ acceptez le regard d'autrui, ne le préjugez pas comme forcément négatif. Apprenez par ailleurs à faire confiance aux autres.

valoriser, ni à vous dévaloriser et parvenez à tisser des relations constructives. Vous faites confiance aux autres, ainsi qu'à vos propres capacités. Vous ne vous laissez pas décourager et tentez votre chance quel que soit le contexte de départ : « Pourquoi n'y arriverais-je pas ? », vous dites-vous, avec raison. Vos réactions les plus fréquentes : la joie, la tristesse, la colère et la peur.

Exemple : vous savez associer tout le service dans la conduite d'un projet, tout en gardant la barre.

❷ Apprenez à dénicher une émotion cachée

Il est fréquent de substituer à une émotion authentique une émotion apprise ou construite, qui se révèle être une réponse inadéquate à l'événement déclencheur. C'est ce qu'on appelle les émotions parasites.

Il existe deux sortes d'émotions parasites :

✔ ***Le racket consiste à exprimer une émotion au lieu d'une autre.***

Exemple : un manager qui ressent de la peur va préférer exprimer de la colère plutôt que d'avouer qu'il craint son équipe ou un projet. C'est dans l'enfance que l'on apprend à utiliser une émotion racket, soit parce qu'une émotion est taboue dans la famille, soit parce que l'on comprend que si on utilise une émotion plutôt qu'une autre, on obtient ce qu'on désire. Adultes, ces schémas se répètent, fortifiés par les croyances socioculturelles qui veulent, par exemple, qu'un « chef » n'a pas droit au doute ou que montrer sa peur est un signe de faiblesse. Pour vous réapproprier des émotions enfouies, mettez à jour ces « rackets » et analysez pourquoi vous y avez recours.

✔ ***L'élastique consiste à exprimer une émotion disproportionnée.***

Exemple : lors d'un entretien individuel d'évaluation, votre interlocuteur éclate en sanglots avant même que vous ayez entamé la conversation, parce que la situation lui rappelle un

Pour aller plus loin

Le recours à la psychothérapie

Les séances de psychothérapie aident à détecter les émotions parasites. Revisiter le passé, en dénouer les fils, permet de mieux comprendre les mécanismes qui sont ancrés en vous et se répètent à l'infini. Ce travail sur les émotions déplacées aboutit à redéfinir vos émotions avec justesse.

douloureux souvenir. Des années après, l'élastique a lâché et la tristesse reparaît sans proportion aucune avec la situation présente. Pour exprimer l'émotion appropriée, coupez le lien qui s'est artificiellement créé entre le passé et le présent.

L'iceberg des émotions

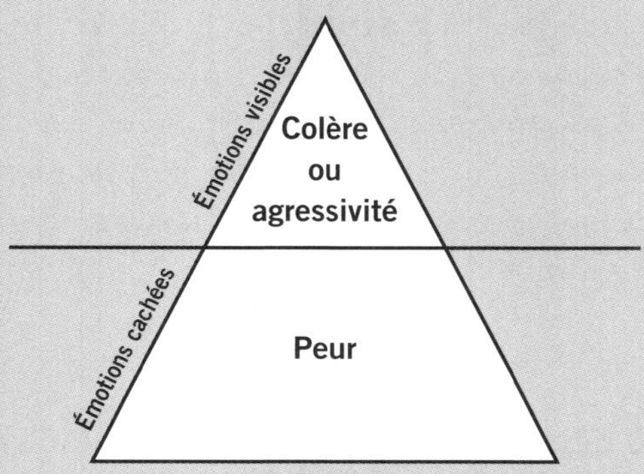

N.B. : Attention ! Une émotion peut en cacher une autre... Sachez repérer quelle émotion cachée est masquée par une émotion visible.

Section 4

Repérez vos comportements réflexes

Lorsque vous êtes en difficulté, vous avez tendance, selon votre mode de fonctionnement, à adopter une attitude d'action ou de défense. Ces réactions automatiques s'expliquent par votre vécu émotionnel. Telle une boîte noire, votre cerveau garde en mémoire la trace de toutes vos émotions, qu'elles soient liées à une odeur, un geste, un son, etc. Prendre conscience de ces attaches vous aidera à combattre vos automatismes.

❶ Analysez votre mode de fonctionnement

Certains événements difficiles provoquent invariablement la même réaction : vous adoptez un comportement de fuite, voire de déni ou, *a contrario*, vous prenez à bras-le-corps la situation et cherchez à résoudre le problème. Vos petits arrangements avec les émotions sont à l'origine de ces modes de fonctionnement, profondément ancrés en chacun de vous.

Ceux-ci peuvent être de deux ordres, selon que vous optez plutôt pour le mouvement ou la défensive :

✔ ***Le mouvement :*** face aux difficultés, vous ne vous laissez pas abattre et pensez immédiatement en termes d'actions à mener : « Comment modifier la tournure des événements ? », « Quel plan d'action suis-je en mesure de mettre en place ? ». Vous n'hésitez pas à exprimer une demande, tout en sachant vous préserver. Poussé à l'extrême, ce mode de fonctionnement peut toutefois conduire à des comportements de type agressif.

✔ ***La défensive :*** votre réaction première est le recul, la mise à distance, le renfermement. Vous choisissez la résignation plutôt que l'action et n'hésitez pas à minimiser la portée des événements, au prix d'une autodévalorisation. Vous avez par ailleurs tendance à façonner la réalité à votre convenance, au point parfois de méconnaître les situations difficiles ou de mettre tout en œuvre pour que celles-ci n'apparaissent pas (les repas d'affaires vous mettent mal à l'aise, alors vous déclinez la plupart des invitations). Ainsi, vous faites en sorte d'évacuer toute émotion ou situation inconfortable.

Ces réactions automatiques sont liées à votre vécu émotionnel. Encore une fois, il ne s'agit pas de vous enfermer dans des schémas. Vous devez considérer ces modes de fonctionnement comme de grands indicateurs. Si votre tendance est d'être sur la défensive, rien ne vous empêche par la suite d'affronter le problème. Prendre conscience de vos automatismes vous aidera à mieux les combattre.

Conseil pratique

Posez-vous les bonnes questions

Considérez une situation récente qui vous a été inconfortable pour une raison ou une autre, puis :

➜ Pensez à votre attitude (étiez-vous sur la réserve, ou bien dans une posture plus ouverte ?).

➜ Énumérez les causes qui ont pu vous faire adopter telle ou telle attitude.

➜ Faites le bilan des points positifs ou négatifs de votre mode de fonctionnement.

➜ Essayez d'imaginer quelle aurait pu être votre réaction.

➜ Pesez le pour et le contre de chacune des stratégies.

❷ Faites le lien avec vos émotions passées

Faites le test : pensez à de bonnes choses et inversement à de mauvaises choses, et vous constaterez que surgira automatiquement une émotion agréable ou désagréable. C'est la fameuse madeleine de Proust… Autrement dit, c'est la force du souvenir qui vous fait associer un événement présent à une situation passée. Car votre cerveau garde en mémoire les traces de toutes vos émotions, qu'elles soient liées à une odeur, une image, un son, une sensation de froid, ou toute autre chose. Il forme une sorte de boîte noire.

Dès que survient un événement en lien avec une scène passée, l'émotion est réactivée. Celle-ci vient puiser dans cette boîte noire. Aussi créez-vous des « ancres » ou « ancrages », qui sont autant de comportements réflexes. Elles sont utiles, puisqu'elles nourrissent votre énergie par la simple activation d'un souvenir. Elles peuvent aussi être néfastes, lorsqu'elles induisent un comportement de fuite. Vous pouvez cependant « repiloter » vos émotions en créant de nouvelles ancres : associez d'autres émotions à des souvenirs jusque-là désagréables.

Exemple : faites fi du dégoût que fait naître en vous la vue d'une araignée et observez les choses avec un regard neuf, et peut-être plus distancié.

Un peu d'histoire…

Les tests d'évaluation du QE

Les tests d'évaluation du quotient émotionnel ont été développés depuis 1995 et les grandes entreprises sont de plus en plus nombreuses à y avoir recours lors de leur processus de recrutement, car elles ont pris conscience que les capacités intellectuelles et professionnelles ne suffisaient pas à assurer la bonne intégration au sein d'une équipe. Le plus connu, et le plus utilisé par les recruteurs, est le test du professeur Reuven Bar-On, directeur de l'Institut des intelligences appliquées du Danemark, qu'il a mis au point dès 1997 en se référant à cinq échelles :

- **intrapersonnel (conscience de ses émotions, affirmation de soi, considération pour soi, indépendance) ;**
- **interpersonnel (empathie, relations personnelles, responsabilité sociale) ;**
- **adaptabilité (sens des réalités, flexibilité, résolution de problèmes) ;**
- **gestion du stress (tolérance au stress, contrôle de ses impulsions) ;**
- **humeur générale (optimisme, joie de vivre).**

Ce test contient dans sa version intégrale plus de 130 questions, mais des versions simplifiées ont été élaborées, afin de dégager une tendance de niveau de QE.

Et vous, où en êtes-vous ?

Test QE

Mesurez votre QE (ou quotient émotionnel) en sélectionnant les réponses aux questions suivantes :

1. Face à une attaque verbale, la colère vous envahit :

- ☐ a. Vous agressez l'autre immédiatement.
- ☐ b. Vous décidez de demander à la personne pourquoi elle a tenu de tels propos.
- ☐ c. Très surpris, vous ne dites rien et réfléchissez aux raisons de cette agression pour en reparler peut-être plus tard avec l'intéressé.

2. Une excellente nouvelle vous remplit de joie :

- ☐ a. Vous êtes sur un petit nuage et vous manifestez votre joie.
- ☐ b. Vous éprouvez cette joie et elle vous stimule pour envisager d'autres projets.
- ☐ c. Vous avez envie de partager votre enthousiasme avec votre entourage.

3. Dans le cadre d'une réunion, vous devez affronter des partenaires difficiles avec la crainte de rompre définitivement un contrat :

- ☐ a. Vous êtes stressé et agacé par cette confrontation pénible.
- ☐ b. Vous êtes ennuyé par ce contexte mais décidez de traiter la situation avec sérénité et de proposer des solutions constructives pour les deux parties.
- ☐ c. Vous craignez la réaction de ces partenaires et décidez d'attendre leurs propositions.

4. Actuellement, l'ambiance au travail et à la maison ressemble à une routine convenue et vous ressentez de l'ennui :

- ☐ a. Vous « hibernez » comme les autres.
- ☐ b. Vous proposez à votre entourage d'aller dîner à l'extérieur dans un endroit chaleureux.
- ☐ c. Vous en faites le constat et essayez de savoir pourquoi tout le monde est en chute d'énergie et de dialoguer.

5. À propos des émotions, vous pensez que :

- ☐ a. Les émotions ne s'expliquent pas...
- ☐ b. Les émotions, c'est comme la vérité, elles ne sont pas bonnes à dire, vous préférez les garder pour vous.
- ☐ c. Les émotions sont une richesse de l'individu à partager et permettent de réajuster certaines relations.

Pour connaître le résultat de votre autoévaluation, reportez-vous page 119.

L'essentiel

IDENTIFIER SON PROFIL ÉMOTIONNEL, C'EST D'ABORD ÊTRE À L'ÉCOUTE DE SES ÉMOTIONS ET SAVOIR QU'IL EXISTE DES OBSTACLES À UNE BONNE PERCEPTION DE CES TROUBLES INTERNES.

1 ÉCOUTEZ LES MESSAGES QUE VOUS ADRESSE VOTRE CORPS

Les émotions passent par le corps. Avant de pouvoir mettre un nom dessus, il est donc indispensable d'entendre ces signaux.

2 DÉPASSEZ VOS RÉACTIONS DÉFENSIVES

Prendre conscience des différentes stratégies inconscientes que l'on met en place pour éluder les émotions difficiles et pour « mieux vivre » avec elles (refoulement, négation, intellectualisation, etc.) est fondamental.

3 PRENEZ CONFIANCE EN VOUS

La dévalorisation et la mauvaise image de soi ne font que construire un miroir déformant entre soi et la réalité. Elles empêchent une juste identification des situations, et donc des émotions ressenties.

4 DÉCELEZ LES FAUX-SEMBLANTS

Des émotions apprises ou construites peuvent se substituer aux émotions authentiques. C'est ce qu'on appelle les émotions parasites, dans le sens où elles engendrent une réponse inappropriée.

5 ALLEZ FOUILLER VOTRE PASSÉ

C'est dans son vécu émotionnel que se trouve la clé de son caractère.

❑ ***Notes personnelles***

Chapitre 3

Tirer parti de ses émotions

Objectifs du chapitre

- ✗ Adopter une attitude constructive.
- ✗ Dépasser ses émotions paralysantes.
- ✗ Exprimer et utiliser ses émotions à bon escient.

Section 1

Vivez avec vos émotions

Maintenant que vous savez comprendre et déchiffrer les émotions, il va falloir apprendre à vivre avec, c'est-à-dire à les gérer de façon à ce que vous puissiez en tirer le meilleur parti. Adopter un état d'esprit optimiste vous aidera à mieux appréhender les éventuels obstacles. En outre, prenez conscience que les émotions expriment des besoins cachés et bien souvent irrationnels. Ainsi, vous cohabiterez mieux avec elles.

❶ Adoptez une démarche constructive

Vivre avec ses émotions, c'est :

✔ comprendre leur fonctionnement ;

✔ percevoir et identifier les signaux qu'elles vous adressent ;

✔ intégrer le fait qu'elles ont une influence directe sur vos pensées et actions.

Avant de poursuivre plus avant, procédez à une autoévaluation : faites le point sur vos forces et vos faiblesses, ainsi que sur vos émotions les plus fréquentes. Cette conscience éclairée de votre personnalité et de vos émotions positives et négatives dominantes vous permettra d'être à l'écoute de ce qui se passe en vous.

Jusqu'à présent, cet ouvrage vous a donné des outils pour comprendre et identifier les émotions. Il vous faut maintenant apprendre à en tirer parti, c'est-à-dire apprendre à les gérer et à les exprimer.

Pour commencer, adoptez une démarche constructive. Dans cette optique, votre humeur générale va jouer un rôle primordial. L'humeur ou l'énergie positive, autrement dit l'optimisme, vous permet en effet d'appréhender les événements avec une vision ambitieuse. Elle vous aide à franchir les obstacles, à vous épanouir et propager une ambiance positive autour de vous. À l'inverse, le pessimisme, l'énergie négative ou l'humeur maussade représentent des freins à la bonne gestion de vos émotions, puisque la perception irrationnelle des choses tend alors à prendre le dessus.

Pour aller plus loin

Les cinq compétences élémentaires

Psychologue de formation, l'Américain Daniel Goleman a connu un succès retentissant en publiant en 1995 un ouvrage intitulé *Intelligence émotionnelle*, dans lequel il montre que la réussite dans la vie dépend d'un certain nombre de qualités humaines.

Ses dernières recherches ont abouti à définir cinq compétences élémentaires et essentielles dans la vie professionnelle :

➜ La conscience de soi : être toujours conscient de ses sentiments et utiliser ses penchants instinctifs pour orienter ses décisions ; s'évaluer soi-même avec réalisme et posséder une solide confiance en soi.

➜ La maîtrise de soi : gérer ses impulsions et émotions de façon à ce qu'elles facilitent son travail au lieu de le gêner ; garder son calme et se montrer positif dans les moments les plus éprouvants ; rester concentré malgré le stress.

➜ La motivation : utiliser ses envies les plus profondes comme une boussole qui nous guide vers nos objectifs ; prendre des initiatives, augmenter son efficacité et persévérer en dépit des obstacles et des déconvenues.

➜ L'empathie : décrypter les sentiments, les soucis et les besoins d'autrui ; entretenir des rapports harmonieux avec une grande variété de gens.

➜ Le sens des rapports humains : décrypter les réseaux humains, déchiffrer les émotions des autres et les gérer ; utiliser ces aptitudes pour persuader, guider, négocier, régler les différends, coopérer et animer des équipes.

❷ Privilégiez une attitude rationnelle

Il vous faut cohabiter avec vos émotions en bonne intelligence et en bonne entente. Outre les réactions défensives, il existe un facteur susceptible de venir compliquer votre commerce avec vos émotions : c'est le sens que vous leur conférez. Rappelez-vous que vos émotions expriment bien souvent des besoins (avoués ou non) que vous cherchez à satisfaire à travers elles.

Ces besoins sont de l'ordre de l'irrationnel ou de l'inconditionnel (besoin de reconnaissance, d'amour, d'attention, de pouvoir, etc.). S'ils sont satisfaits, ils déclenchent une émotion fondamentale qui est positive – le plus souvent la joie. Dans le cas contraire, ces mêmes besoins provoquent une émotion fondamentale qui est négative – la colère, la peur ou la tristesse.

Dans un premier temps, vous devez prendre conscience de l'existence de ces besoins cachés. De cette manière, vous pourrez mieux saisir ce que vous mettez en jeu spécifiquement lorsque vous ressentez telle émotion plutôt qu'une autre.

Exemple : derrière la tristesse ressentie après une présentation qui ne s'est pas passée comme vous le souhaitiez, vous avez la volonté (presque infantile) d'être consolé ou rassuré. En parvenant à faire le lien entre votre émotion et votre besoin dans ce cas précis, vous parviendrez à mieux vivre cette situation en choisissant l'émotion de la colère, qui vous permettra d'avancer ; la tristesse vous maintenant dans la satisfaction d'un besoin irrationnel.

Dans un second temps, habituez-vous à substituer à ces besoins des valeurs rationnelles et idéales.

Exemple : si vous ressentez le besoin d'être parfait, replacez-le dans une perspective plus porteuse de sens, à savoir l'envie de progresser ou de vous engager. En optant pour cette attitude, qui privilégie la rationalité, vous parviendrez à mieux vivre avec vos émotions.

Quelle valeur se cache derrière un besoin ?

Le besoin de sécurité	égalité, justice, respect, liberté
Le besoin d'être parfait	honneur, progrès, engagement, loyauté
Le besoin d'être approuvé	respect, responsabilité, engagement
Le besoin de pouvoir	engagement, responsabilité, liberté, honneur
Le besoin d'être aimé	amour, égalité, respect, franchise, engagement, loyauté
Le besoin d'être reconnu	respect, honneur, justice
Le besoin de confort	progrès, respect, liberté
Le besoin d'être utile	honneur, loyauté, engagement, amour, responsabilité
Le besoin d'être consolé	amour, justice

Et vous, où en êtes-vous ?

Dressez le bilan de votre « conscience de soi » et apprenez à la développer

Pour se faire, répondez aux questions suivantes en cochant la case adéquate.

		Oui	Non
1	Prenez-vous le temps d'observer comment vos émotions affectent vos pensées et vos actions ?		
2	Déchiffrez-vous systématiquement vos ressentis ?		
3	Identifiez-vous l'émotion fondamentale, même cachée ou camouflée ?		
4	En analysez-vous les causes ? Repérez-vous les stimuli internes et/ou externes ?		
5	En lien avec une situation précise, analysez-vous honnêtement vos forces et vos faiblesses ?		
6	Parvenez-vous à détecter une réaction émotionnelle conditionnée ?		
7	De la même façon, identifiez-vous vos besoins irrationnels qui jouent un rôle dans le processus émotionnel ?		
8	Parvenez-vous à mesurer quelle part ils occupent dans votre réaction émotionnelle ?		

Pour connaître le résultat de votre autoévaluation, reportez-vous page 120.

Section 2

Faites appel à l'ascenseur émotionnel®

Pour gérer vos émotions, vous devez dépasser les premières réactions émotionnelles afin d'atteindre l'étage cortical de votre cerveau, c'est-à-dire celui qui vous permettra de trouver une solution adaptée à une situation donnée. Cette méthode de l'ascenseur émotionnel® constitue un « outil » précieux. Il faut vous y entraîner de façon régulière.

1 Dépassez le stade de la réaction émotionnelle primaire

Une émotion provoque d'abord une réaction primaire, instinctive. Votre cerveau reptilien est en action. Il vous rend vert de peur, de jalousie ou de rage, rouge de colère, etc. Pour commencer à gérer vos émotions, vous devez dépasser ce stade et prendre l'ascenseur émotionnel®. En d'autres termes, vous devez prendre du recul pour agir avec réflexion.

Pour dépasser le « premier étage » émotionnel, c'est-à-dire le palier du cerveau limbique, vous disposez d'un outil « ô combien précieux » : votre cerveau cortical. Rappelez-vous que c'est grâce à lui que vous pouvez gérer vos émotions, prendre des décisions, trouver des solutions, quand votre cerveau limbique reste parfois bloqué sur des souvenirs douloureux qui vous empêchent de prendre des risques ou de voir les choses d'un point de vue optimiste.

2 Procédez par étapes

Vous disposez donc de moyens concrets pour agir avec vos émotions ; et ceci quel que soit votre état… En passant de l'étage limbique à l'étage cortical, la colère, la peur, la tristesse ou la joie cesseront de constituer des obstacles pour vous.

Comment procéder en cas de colère

✔ **Étage limbique :** vous êtes irrité, contrarié, voire agressif, et encore sous le choc physique de la montée d'adrénaline, autant de signes qu'un obstacle se présente, que quelqu'un fait intrusion sur votre territoire (de façon symbolique).

Les risques si vous vous arrêtez à cet étage : rupture de la communication avec les autres, perte d'autorité, de temps, de crédibilité.

✔ **Étage cortical :** formulez les raisons de votre colère, déplacez vos priorités, acceptez que d'autres aient un fonctionnement différent, un autre système de valeurs que vous, soyez ouvert à ces différences.

Les bénéfices de l'ascenseur émotionnel® : vous prenez le dessus sur votre colère. Il ne s'agit pas de la nier mais d'en identifier les causes, d'exprimer pour soi-même et les autres les motifs de cette colère. Ainsi, vous sortez des malentendus, de l'impasse et vous êtes en position de remédier à la colère.

Conseil pratique

Comment désamorcer ses réflexes émotionnels

Pour mettre à profit l'ascenseur émotionnel®, procédez par étapes. Dans un premier temps, il est en effet souvent difficile de changer sa façon de réagir au moment même de l'action. Alors, commencez par réfléchir à cette méthode avant l'action qui se prépare (*exemple :* un rendez-vous important qui vous fait peur) ; vous serez dans une meilleure disposition pour accueillir et gérer cette peur. Pensez-y également après coup (vous vous êtes mis en colère dans la journée : revenez le soir sur cet événement). À force de réflexion, vous parviendrez à modifier votre comportement au moment même où vous vivez la situation. Par conséquent, rien ne sert de courir, mieux vaut procéder par petites foulées !

Comment procéder en cas de peur

✔ **Étage limbique :** vous êtes angoissé, vous doutez de vos capacités à réussir, vous êtes tenté par une attitude de prudence, de retrait, de fuite, tout ce vers quoi vous pousse votre cerveau limbique.

Les risques si vous vous arrêtez à cet étage : communiquer sa peur à son équipe, perte d'autorité et de crédibilité, impossibilité d'aller de l'avant, fermeture aux autres.

✔ ***Étage cortical :*** posez des questions, informez-vous auprès de vos collaborateurs sur l'objet de votre peur, partagez celle-ci en l'exprimant de façon pesée, analysez-en les raisons avec objectivité et distance.

Les bénéfices de l'ascenseur émotionnel® : vous prenez la juste mesure de votre peur, vous êtes rassuré, votre capacité d'initiative demeure intacte.

Comment procéder en cas de tristesse

✔ ***Étage limbique :*** vous subissez une perte, une séparation, un sentiment de déception, d'échec et cherchez du réconfort.

Les risques si vous vous arrêtez à cet étage : perte de motivation et d'intérêt dans le travail, repli sur soi.

✔ ***Étage cortical :*** exprimez votre tristesse, partagez-la avec des personnes de confiance, ou au contraire allez seul au bout de votre processus de deuil ou de réparation.

Les bénéfices de l'ascenseur émotionnel® : vous construisez de nouveaux objectifs, de nouveaux désirs et vous sortez enrichi de cette introspection.

Comment procéder en cas de joie

✔ ***Étage limbique :*** vous ressentez excitation et joie de vivre, vous débordez d'énergie positive et vous vous sentez capable de tout.

Les risques si vous vous arrêtez à cet étage : verser dans l'idéalisme et la rêverie, se couper du réel, garder sa joie pour soi.

✔ ***Étage cortical :*** identifiez les causes de cette joie pour essayer de les renouveler le plus souvent possible, toutes proportions gardées ; partagez la joie avec les autres, faites-en un élément fédérateur de votre équipe.

Les bénéfices de l'ascenseur émotionnel® : vous répétez les occasions de joie et ainsi vous augmentez votre motivation ainsi que le pouvoir de séduction que vous exercez sur autrui.

L'ascenseur émotionnel

étage 2

Le cerveau cortical est le filtre de la raison.
Il a la capacité d'analyser une situation dans son ensemble, de la détacher de ses attaches pesantes à un passé ou une expérience malencontreuse, et donc de trouver une solution adaptée, qui permette d'aller de l'avant. Bref, il sait gérer vos émotions.

étage 1

Le cerveau limbique agit comme un premier filtre.
Il colore l'état émotionnel, donne de premières indications sur l'attitude à suivre, l'action à mener, en connexion avec vos expériences et émotions passées.
Le raisonnement n'est pas son fort.

Rez-de-chaussée

Le stimulus extérieur envoie un message à l'amygdale, logée dans la zone reptilienne du cerveau.
Vos réactions sont instinctives, sans aucun filtre de la raison et de l'esprit.

Section 3

Positivez vos émotions paralysantes

Les peurs, comme le stress, sont utiles et même bénéfiques à votre travail tant qu'elles sont bien gérées. Il existe différentes méthodes très accessibles pour apprendre à transformer une situation potentiellement difficile en situation positive. Le fil conducteur qu'il faut trouver et ne pas lâcher, c'est l'affirmation de soi.

1 Apprivoisez vos peurs

Trac, anxiété, gêne, timidité, phobies... La peur recouvre différents visages, différents modes d'expression. La vie professionnelle est ponctuée de ces « épreuves de force » (entretiens d'embauche, réunions, négociations, repas d'affaires, séminaires, etc.), où est en jeu la volonté de réussir, de prendre la parole en public, de s'affirmer comme leader, de faire preuve d'assurance et de confiance en soi.

Face à de telles situations, qui n'a pas connu la peur, le doute, l'hésitation, avec boule au ventre et gorge serrée en prime ? Une peur qui peut mener jusqu'à l'évitement, voire la paralysie. Sachez que vous n'êtes pas désarmé face à ces peurs. Bien au contraire. Des techniques existent, qui permettent de s'en libérer et d'en tirer judicieusement parti. Car, comme toute émotion, la peur – si elle est bien gérée – constitue un moteur de choix.

✔ ***Avant toute chose, portez un autre regard sur vos peurs.*** Au lieu de les percevoir comme des ennemies, voyez-les plutôt comme des partenaires, et plus encore comme des alliées. Autrement dit, confrontez-vous à elles, apprivoisez-les. Sans ces peurs, qu'est-ce qui vous pousserait à vous dépasser et à vous lancer dans la course ? La plupart des sportifs et des acteurs, à quelques minutes d'entrer dans l'arène, n'ont-ils pas le trac ?

Et n'est-ce pas justement ce trac qui leur permet de se concentrer de façon optimale et de préparer leur corps et leur esprit à l'épreuve à venir ? Alors, exercez-vous à ne conserver de vos peurs que leur part d'énergie, en laissant de côté leurs effets néfastes (inhibition, recul, fuite...).

✔ ***Partez gagnant, ne vous laissez pas envahir par la peur de l'échec.*** Dites-vous que la situation tant redoutée est une occasion de franchir une nouvelle étape, ce qui constitue une réussite en soi.

✔ ***Calmez votre esprit.*** Ne cédez en aucun cas à la panique. Prenez le temps de la réflexion et de la relaxation pour vous apaiser. Ainsi, vous ne vous emballerez pas et parviendrez à évacuer les tensions liées à vos différentes peurs. Vous aurez alors l'esprit libre et concentré pour agir contre les sources de vos peurs, et prendre des décisions en toute confiance.

✔ ***Osez faire part de vos peurs à une personne de confiance.*** La paralysie vient souvent du fait que vous rester seul avec vos peurs et vos angoisses. Verbalisées, celles-ci prendront un contour totalement différent. Et à votre découragement succèdera le sentiment qu'il est possible de positiver vos angoisses.

✔ ***Pensez en termes de plan d'action.*** Pour vous rassurer et faire taire le mauvais trac qui est en vous, pensez à tout le chemin que vous avez déjà parcouru, énumérez toutes vos compétences et les points forts qui peuvent vous servir dans telle ou telle situation. Anticipez la façon dont vous allez les mettre en avant et les valoriser. Élaborez différents scénarios et concentrez-vous sur les réponses que vous allez apporter. Par exemple, avant d'entamer une négociation, affûtez vos arguments et fixez vos hypothèses hautes et basses, ainsi que le seuil que vous ne comptez pas dépasser.

Conseil pratique

Faites fi du regard des autres

Les peurs sont souvent alimentées par le regard ou les intentions que vous prêtez aux autres. *Exemple :* si l'attention de votre interlocuteur vous échappe quelques instants, vous perdez tous vos moyens en vous disant que vous l'ennuyez, que votre exposé est banal, votre présentation mauvaise. Ne vous perdez pas dans ce dialogue interne et stérile. Et si, après tout, cette personne s'était tout simplement couchée tard la veille ? Libérez-vous du regard des autres, n'interprétez pas le premier signe venu, d'autant que, bien souvent, l'on se méprend. Restez bien entendu ouvert aux autres, mais ne vacillez pas au moindre fait et geste. En deux mots, affirmez-vous !

✔ ***Enfin, projetez-vous dans l'avenir.*** Une situation traqueuse devient tout de suite plus séduisante si vous identifiez les bénéfices que vous pouvez en tirer. Pensez-y de façon très concrète (*Exemple :* négocier une augmentation de salaire vous permettra, enfin, de terminer les travaux de la maison...). Voyez loin : élaborez un projet d'ensemble et inscrivez les situations difficiles comme autant d'étapes nécessaires de votre parcours professionnel.

Pour aller plus loin

Les différentes sources du stress

Les agents stressants sont nombreux. Ils peuvent avoir trois origines :

➜ Origines extérieures : l'environnement (pollution, bruit, lumières vives des néons, catastrophes naturelles...), le mode de vie (transports quotidiens, horaires flexibles....), ou les soucis familiaux constituent des causes de stress fréquentes.

➜ Origines personnelles : le stress est alors lié à un état psychologique (crises d'angoisse, dépression, phobies, démotivation, remords...).

➜ Origines relationnelles : le stress est provoqué par la relation aux autres (hiérarchie, problèmes de voisinage, mésentente avec ses collègues...), ou la relation à une situation nouvelle (éloignement de sa famille, de sa région, de ses amis, problèmes financiers, concours, entretiens d'embauche...).

Sachez que toutes ces causes du stress peuvent être combattues, non pas en les éliminant, mais en apprenant à les gérer.

❷ Libérez-vous du stress

Le stress est une réponse normale de votre organisme ; il l'aide à faire face à une agression ou une urgence. S'il est bien géré, il permet de réagir de façon efficace, grâce à la mobilisation pleine et entière de votre énergie et de vos capacités intellectuelles. Certains, d'ailleurs, ne travaillent bien qu'en étant dos au mur.

Mais les choses se compliquent lorsque l'on passe du « coup de stress » à un stress prolongé et récurrent. La sensation d'épuisement arrive vite ; et les capacités d'adaptation semblent alors insuffisantes. Les signes du stress apparaissent : tension musculaire, fatigue, tics nerveux, irritabilité, susceptibilité, panique, difficulté de concentration, manque d'organisation, idées confuses, résignation, etc.

Alors, pour transformer ce stress négatif en émotion positive :

✔ ***Faites preuve d'objectivité :*** n'interprétez pas trop vite une situation comme représentant un danger ou une agression. Mettez de la mesure en toute chose, prenez du recul et vous saurez distinguer les justes causes du stress. Dès lors, vous pourrez y apporter une réponse adaptée.

✔ ***Établissez des priorités :*** c'est l'accumulation qui engendre avant tout le stress. Alors, hiérarchisez les choses selon leur degré d'urgence et d'importance et, au besoin, n'hésitez pas à déléguer. Si les dossiers s'accumulent, sachez dire non, ou alors négociez une personne supplémentaire dans votre équipe.

✔ ***Gérez votre temps :*** cela consiste à préserver du temps pour vous, pour votre vie personnelle, mais aussi à anticiper les éventuels imprévus. Si vous avez énuméré les différents risques et hypothèses lors de la conduite d'un projet, vous ne serez pas pris de court par la tournure des événements. Ou tout du moins, vous y serez préparé psychologiquement. Le stress aura alors moins d'emprise sur vous.

✔ ***Verbalisez votre stress :*** il n'y a pas de honte à dire que l'on est au bord du surmenage, ou que l'on ne sait plus comment gérer une situation difficile. Tout dépend du vocabulaire choisi. Il est possible d'exprimer les choses avec des mots pesés, sans autodévalorisation ni critique acerbe de votre entourage professionnel. Ainsi exprimé, le stress peut au contraire être positivé, dans le sens où peuvent en découler des décisions collectives et un esprit d'équipe fortifié.

Conseil pratique

La respiration relaxante : une méthode accessible

La respiration abdominale constitue un excellent moyen de lutter contre le stress, d'autant qu'elle peut se pratiquer à peu près partout, y compris au bureau. Elle délie les tensions inhérentes aux émotions et active un état de bien-être.

Très simplement, inspirez doucement en gonflant votre ventre, bloquez quelques secondes, puis expirez tout aussi lentement en le rentrant (insistez bien). Respirez ainsi une dizaine de fois. Pendant toute la durée de l'exercice, concentrez-vous sur votre corps, essayez de ne penser à rien, videz-vous de tous les désagréments et inspirez une nouvelle énergie.

Section 4

Trouvez la juste expression de vos émotions

Pour qu'elle soit comprise par les autres et débouche sur quelque chose de constructif, une émotion doit être exprimée de la façon la plus juste possible. Cela consiste d'abord à parler à la première personne et à choisir un vocabulaire simple et direct. Veillez également à la clarté de votre message. Pour cela, vos attitudes et le ton de votre voix doivent être en harmonie avec les mots et les discours que vous énoncez.

❶ Privilégiez un mode d'expression positif

L'expression de vos émotions est essentielle à leur bonne gestion. La peur de s'ouvrir et d'affronter quelque chose de trop douloureux, la peur du conflit, l'orgueil, les rôles que l'on s'attribue sont souvent à l'origine des difficultés rencontrées pour dire ce que l'on ressent. Mais au-delà, il convient également de trouver le juste mode d'expression, c'est-à-dire celui qui vous permettra de tirer parti de vos émotions.

L'exemple de la colère est en cela très révélateur. Si vous explosez littéralement de colère et vous laissez emporter par des propos acerbes et ravageurs, quels bénéfices allez-vous en tirer ? Certes, vous aurez exprimé votre émotion et vous vous sentirez soulagé sur le moment mais au prix, d'une part, d'une certaine culpabilité après coup et, d'autre part, d'une mésestime de votre interlocuteur. Le respect mutuel qui fonde tout rapport social est dangereusement affecté. Pour y remédier, vous devez trouver une façon d'exprimer vos émotions qui permette de dire les choses, tout en ne cédant pas à l'agressivité ou à l'ironie dévalorisante.

Rien ne sert de passer en force, de vouloir changer l'autre, ou *a contrario* de minimiser et contenir votre colère. **Exprimez-la en utilisant**

un vocabulaire simple, direct et en centrant les choses sur vous (« Je suis en colère », « Je suis dans l'embarras », « Je suis énervé, contrarié »...). Vous pouvez adopter un ton ferme ; en revanche, utiliser un sourire de façade ne ferait que brouiller le message. Dans un second temps, détaillez à votre interlocuteur ce qui vous met en colère (« Nous avons déjà évoqué le sujet dix fois et je constate que rien n'avance »). Toujours en parlant à la première personne du singulier, énoncez les conséquences qui en découlent (« De mon côté, je vais devoir expliquer ce retard en réunion de groupe. Je veux bien en prendre une part de responsabilité, mais je veux savoir là où nous avons pêché, pour changer de cap immédiatement »).

Ainsi mise en mots, la colère conserve un espace pour s'exprimer et permet de maintenir la communication avec l'autre.

Conseil pratique

Sachez dire non

Dire non, ce n'est pas forcément faire preuve de faiblesse ou d'incapacité. C'est adopter une vision réaliste des choses et se donner les moyens d'accomplir ses missions avec tout le potentiel de succès qui soit. Exprimer les émotions de façon directe et simple vous aidera à dire non, lorsque les circonstances ne vous laissent plus le choix.

2 Harmonisez ce que vous pensez, ressentez et exprimez

La juste expression de vos émotions passe par une chose fondamentale : la cohérence entre vos paroles, la façon de les prononcer et vos attitudes. Sans cela, vous aurez beau dire ce que vous ressentez, le message aura du mal à être crédible. En effet, si tout votre corps témoigne de la colère ou de la tristesse et que vous persistez, dans un même temps, à dire que tout va bien, votre interlocuteur percevra une information brouillée, ce qui engendrera malentendu et incompréhension réciproque. Vous devez ainsi accorder une grande attention pour harmoniser :

- ✔ ***le verbal,*** c'est-à-dire les mots que vous utilisez, les discours que vous tenez ;
- ✔ ***le paraverbal,*** c'est-à-dire votre ton, le volume de votre voix, le rythme, le débit, l'intonation de vos paroles ;

- ✔ ***le non-verbal,*** c'est-à-dire les postures, les gestes, les expressions corporelles, les mimiques, etc.

N'allez pas non plus à l'encontre de votre nature ! Si votre voix est naturellement forte, il est inutile d'adopter un ton douceâtre. Il faut juste veiller à ce que les mots choisis pour exprimer une émotion soient en adéquation avec ce que dit votre corps.

Les signes non verbaux sont, de fait, les plus sujets à interprétation. Réajuster le col de votre chemise sera, par exemple, le signe d'une colère contenue ; vous frotter les mains adressera un message de motivation et d'enthousiasme, tandis que le poing fermé dénotera une attitude de fermeture ou d'agressivité.

Un grand nombre d'informations se lisent également sur le visage. Froncer les sourcils sera souvent interprété comme une attention extrême ou bien un mécontentement. Un vrai sourire, sans rictus, signifie la joie ; un relâchement des muscles de la mâchoire évoque la tristesse ; des sourcils élevés, le regard grand ouvert marquent la sur-prise ou la peur ; une grimace sous-tend quant à elle une forme de dégoût ; un visage fermé et « prêt à l'attaque » adresse des signes de colère.

Conseil pratique

Observez votre interlocuteur

Si l'harmonie entre le verbal, le paraverbal et le non-verbal vaut pour vous, elle vaut également pour les autres. Pour mieux connaître et comprendre vos interlocuteurs, pensez à observer la concordance entre ces différents éléments. Repérez les éventuels hiatus. Et si, lorsque vous demandez un rapport sur tel ou tel sujet, la personne vous répond : « Ce n'est pas un problème » tout en observant une attitude de fermeture (bras et jambes croisées), vous aurez alors les moyens de mieux identifier l'émotion qui la gagne.

Et vous, où en êtes-vous ?

À quel étage de l'ascenseur émotionnel vous situez-vous ?

Habitez-vous au rez-de-chaussée, au 1er étage ou au 2e étage ?

Pour en avoir confirmation, choisissez, pour chaque situation, une des réponses proposées : a, b ou c.

1. **En réunion avec des partenaires extérieurs, votre n + 1 argumente avec vos idées devenues les siennes puis vous donne la parole pour poursuivre et achever la négociation :**
   - ☐ a. Vous marquez votre surprise et lui rendez aussi brutalement la parole.
   - ☐ b. Vous prenez la parole en lui décochant un regard fermé avant de poursuivre la négociation.
   - ☐ c. Avant de vous adresser aux interlocuteurs extérieurs, vous vous assurez que c'est à vous de poursuivre l'argumentation et vous l'impliquez à toutes les étapes de la négociation.

2. **Votre entreprise vient d'être rachetée par un grand groupe et vous savez, c'est officiel maintenant, que votre DG quitte l'entreprise :**
   - ☐ a. C'est souvent le cas dans un rachat ou une fusion d'entreprises, vous annoncez la nouvelle à vos équipes et citez des exemples de fusions d'entreprises réussies.
   - ☐ b. Vous êtes catastrophé par cette nouvelle et partagez immédiatement votre angoisse avec vos équipes.
   - ☐ c. Vous êtes contrarié par cette nouvelle, vous en informez votre équipe en parlant de « pratiques peu recommandables » et en communiquant votre déception.

3. **Votre assistante de longue date vous informe qu'elle doit suivre son mari ingénieur en Chine et que son départ est prévu dans 4 mois :**
   - ☐ a. Vous ne lui cachez pas votre extrême déception et vous affichez un air contrarié.
   - ☐ b. Vous ressentez cette nouvelle comme un choc, vous en avez les larmes aux yeux au point de lui transmettre votre émotion et elle se met à culpabiliser.
   - ☐ c. Vous lui avouez votre tristesse mais vous la félicitez pour la promotion de son mari et la rassurez sur son expatriation en Chine.

4. **Vous avez réussi à convaincre le comité de direction de vous confier le pilotage d'un projet transversal :**
   - ☐ a. Vous êtes satisfait de votre première réussite et allez vous concentrer sur la constitution de votre équipe-projet.
   - ☐ b. Vous vous sentez enfin reconnu à juste titre et repensez à tous les efforts fournis depuis des années.
   - ☐ c. Vous êtes d'humeur joyeuse et le racontez à tous ceux que vous rencontrez.

Pour connaître le résultat de votre autoévaluation, reportez-vous page 121.

L'essentiel

TIRER PARTI DE SES ÉMOTIONS CONSISTE À LES EXPRIMER CORRECTEMENT ET À LES GÉRER DE FAÇON À CE QU'ELLES NE SOIENT PAS PARALYSANTES, MAIS AU CONTRAIRE PORTEUSES POUR SA VIE PROFESSIONNELLE.

1 PARTEZ GAGNANT

Faire preuve d'optimisme permet de rassembler une énergie positive et de mieux appréhender les situations qui paraissent difficiles.

2 ACTIVEZ LA ZONE DE VOTRE CORTEX

La méthode de l'ascenseur émotionnel® aide à faire appel au raisonnement et à la réflexion, afin de trouver une réponse émotionnelle adaptée et constructive.

3 AFFIRMEZ-VOUS POUR ÉLOIGNER VOS PEURS

Le trac, la timidité, l'anxiété trouvent à s'alimenter dans le manque de confiance en soi. Pour les combattre, il faut commencer par connaître ses forces et faiblesses et savoir les gérer.

4 APPRENEZ À BIEN RESPIRER POUR VOUS RELAXER

La respiration abdominale est un excellent moyen pour lutter contre le stress, et plus généralement pour apaiser les émotions violentes qui vous envahissent.

5 ÉNONCEZ VOS ÉMOTIONS À LA PREMIÈRE PERSONNE

Dire « je » est un préalable essentiel à la bonne gestion de ses émotions, puisque cela permet d'être lisible pour soi-même et les autres.

❑ ***Notes personnelles***

Chapitre 4

Canaliser les émotions des autres

Objectifs du chapitre

- ✗ Apprendre à gérer les émotions des autres.
- ✗ Éviter et sortir des jeux de pouvoir.
- ✗ Désamorcer les situations difficiles.

Section 1

Faites preuve d'ouverture

L'écoute des émotions des autres passe par une véritable ouverture d'esprit. À vous de réunir les meilleures conditions pour être réceptif et établir un dialogue constructif : laissez la personne aller au bout de ce qu'elle veut dire ; puis vérifiez que vous avez bien compris en résumant ses propos et en posant des questions de précision et de clarification. Par ailleurs, libérez-vous des éventuels obstacles à une bonne écoute, comme le fait de généraliser ou de se projeter sur l'autre.

1 Adoptez une écoute active

À moins d'être un loup solitaire, il n'est pas un jour de votre vie professionnelle où vous n'êtes pas confronté aux émotions des autres. Pour les identifier, les comprendre, les gérer, il faut commencer par les écouter. Cela paraît certes évident, pourtant l'écoute est un art qui se travaille. Combien de fois vous êtes-vous senti mal entendu ou ignoré, alors même que vous exposiez à un manager, ou à tout autre interlocuteur, certaines choses qui vous posaient problème ?

Il existe une méthode très simple pour pratiquer ce que l'on appelle « l'écoute active ». Elle consiste à :

✓ ***Savoir rester silencieux.*** Laissez votre interlocuteur dire ce qu'il a à dire, ne le coupez pas au milieu d'une phrase ou d'un développement, invitez-le à aller jusqu'au bout de son discours, au besoin avec quelques mots d'encouragement (« Poursuivez », « Oui, oui »...). Vous devez pour cela faire preuve de patience. Ainsi, lorsque vous savez que vous avez une réunion dans les cinq minutes qui suivent, ne répondez pas favorablement à une demande d'entrevue. Pour une écoute complète, pensez également à observer et déceler tout ce qui est non verbal (attitudes, intonation de la voix...) et non-dits ;

✔ ***Reformuler et résumer les propos de votre interlocuteur.*** Après la phase d'écoute à proprement parler, vous devez vous assurer que vous avez bien compris ce qui vient d'être affirmé : « Si je comprends bien, vous préférez travailler sur le budget X plutôt que Y ? » ; « Vous me dites que vous voulez partir en mission à l'étranger, et de préférence en Amérique du Nord. Qu'en est-il de l'Asie ? » ;

✔ ***Posez des questions afin de valider certaines de vos hypothèses.*** Avant de tirer certaines conclusions, vérifiez que celles-ci sont partagées avec votre interlocuteur : « Vous vous sentez mal intégré à cette équipe, est-ce bien cela ? ».

Mémento

L'art et la manière du dialogue

Il n'y a pas de véritable écoute sans respect et acceptation de la personne qui est en face de vous. Ceci implique de considérer l'autre (c'est-à-dire, par exemple, lui serrer la main, le regarder dans les yeux, ne pas faire autre chose en même temps qu'il parle, etc.), de porter un regard bienveillant sur lui, de ne pas juger ses émotions, même si celles-ci relèvent de la peur ou de la tristesse. Bref, vous devez faire en sorte que toutes les conditions soient réunies pour que puisse s'établir un véritable dialogue.

Une fois ces différentes étapes accomplies, vous aurez alors tous les éléments d'appréciation en main pour recevoir l'émotion de l'autre. Votre réponse n'en sera que mieux adaptée.

❷ Déjouez les pièges d'une mauvaise écoute

Il existe différents obstacles à l'écoute de l'émotion de l'autre. Apprenez à les connaître pour mieux les dépasser.

✔ ***Évitez la généralisation :*** cela consiste à fondre un propos dans une loi ou un comportement général (idée reçue). L'exemple classique est ce poncif sur les jeunes, qui voudrait qu'ils n'aient qu'une chose en tête : le temps libre. Si l'un d'eux se dit dépassé par la somme de travail à faire, il risque bien de ne pas être entendu, ce qui aura pour effet d'augmenter sa peur ou sa colère. Il convient donc de prendre en compte l'individu, le contexte particulier, et non une quelconque généralité.

✔ ***Évitez la projection :*** cela consiste à croire que les autres éprouvent la même chose que nous.

Exemple : il est joyeux comme moi du nouveau contrat que nous venons de décrocher et qui va nous amener à passer les six prochains mois à l'étranger. La projection ne laisse aucune place aux éventuelles divergences de points de vue.

✔ ***Évitez le déni :*** cela consiste à refuser d'aborder un sujet, à nier son existence même.

Exemple : « Il n'y a aucune raison d'avoir peur » ; « Pour décrocher un budget, il ne faut pas avoir d'état d'âme ». L'émotion n'est absolument pas prise en compte et la personne se retrouve seule face à cela.

Un autre cas de figure constitue une forme de déni : lorsque vous décidez de prendre tout à votre charge, au lieu d'affronter le problème.

Exemple : « Tu ne sais pas faire ce que je te demande ? Laisse tomber, je m'en occupe, ça ira plus vite. » Vous ne laissez alors aucune possibilité à votre interlocuteur de s'exprimer et de progresser.

Conseil pratique

N'hésitez pas à prendre des notes

Pour éviter l'interprétation à la va-vite et renforcer votre écoute, vous pouvez dans le cadre d'un entretien – même informel – prendre des notes. Plutôt que d'écrire *in extenso* les propos de votre interlocuteur, ce qui prendrait toute votre attention au détriment de l'observation, écrivez les mots-clés qu'il utilise. Vous pouvez aussi noter vos impressions et conclusions premières.

Ce *vade-mecum* constituera un bon support pour la discussion à venir. Il permet en effet de n'oublier aucun point évoqué et de vérifier l'adéquation entre ce qui a voulu être dit et ce que vous avez compris.

De fait, il est important de communiquer sur les points-clés de votre prise de notes avec votre interlocuteur. Ses réactions permettront de mettre à plat d'éventuels malentendus et, au besoin, d'approfondir certains points de discussion.

Et vous, où en êtes-vous ?

Quel type d'« écoutant » êtes-vous ?

Pour le découvrir, répondez aux questions ci-dessous en cochant à chaque fois la case adéquate.

		Plutôt Oui	Plutôt Non
1	Écoutez-vous votre interlocuteur sans l'interrompre même s'il prend son temps ?		
2	Encouragez-vous votre interlocuteur à aller jusqu'au bout de son raisonnement par des mimiques d'acquiescement ou des « oui, oui, continuez » ?		
3	Vous concentrez-vous essentiellement sur ce que votre interlocuteur dit ?		
4	Observez-vous aussi chez votre interlocuteur des signes non verbaux, le ton de sa voix ou certains de ses gestes ?		
5	Écoutez-vous votre interlocuteur de façon neutre sans avoir de réaction verbale ni de mimiques négatives, ironiques ou de surprise ?		
6	Réagissez-vous vivement et immédiatement par une interjection ou un signe de refus à l'écoute de certains propos ?		
7	Froncez-vous les sourcils ou croisez-vous les bras brusquement en écoutant votre interlocuteur ?		
8	Reculez-vous dans votre siège brutalement à l'écoute de certains propos qui ne vous conviennent pas ?		
9	À la fin du raisonnement de votre interlocuteur, reformulez-vous certains de ses propos pour valider votre bonne compréhension ?		
10	Après avoir écouté votre interlocuteur, le questionnez-vous sur certains points pour vérifier votre compréhension, lui faire préciser certains éléments, ou lancer le dialogue ?		

Pour connaître le résultat de votre autoévaluation, reportez-vous page 122.

Section 2

Adaptez-vous aux émotions de votre interlocuteur

Être réceptif aux émotions des autres, c'est d'abord leur laisser la place de s'exprimer en leur donnant des signes tangibles. C'est ensuite comprendre les besoins sous-jacents que celles-ci expriment, et ainsi pouvoir apporter à vos interlocuteurs des réponses justes et adaptées. Mais pour cela, vous devez savoir faire preuve d'empathie, voire de sympathie, c'est-à-dire être capable de vous mettre à la place de l'autre, de ressentir ce qu'il ressent et d'avoir la volonté de satisfaire ses besoins. Tels sont les gages d'une véritable attention et compréhension d'autrui.

❶ Laissez aux émotions un espace d'expression

Pour s'adapter aux émotions de vos interlocuteurs, vous devez dans un premier temps veiller à ce que celles-ci disposent de la place nécessaires pour s'exprimer.

Dans ce cas de figure notamment, la culture de votre entreprise joue un rôle très important (la fraternité est, par exemple, sans doute plus présente dans les grandes entreprises de type paternaliste), néanmoins vous devez, dans votre relation à l'autre, donner des signes tangibles que vous l'autorisez à exprimer une émotion.

Il est parfois difficile pour un manager d'accepter la colère d'un collaborateur, car il se sent mis en danger dans son rôle hiérarchique. Mais si vous êtes affirmé et considérez cette colère comme telle, c'est-à-dire comme le témoignage d'une frustration à laquelle il faut mettre fin, votre état d'esprit sera bien différent.

Toutefois, prenez garde au tout émotionnel. L'émotion des autres doit certes être prise en considération, mais sans être omniprésente, ni érigée en obligation.

2 Décelez les besoins derrière les émotions des autres

Les émotions révèlent des besoins (celui d'être rassuré, sécurisé, désiré, etc.). Être à l'écoute de l'autre consiste donc à percevoir – au-delà de ses émotions – le besoin qui s'exprime, parfois maladroitement, parfois même de façon inconsciente. Sans ce préalable, il sera difficile de canaliser son émotion.

Sachez que chacun, à travers sa vie professionnelle, cherche à satisfaire plusieurs types de besoins :

✔ ***Le besoin de sécurité :*** le salaire, les conditions de travail, le statut professionnel, les accords d'entreprise concourent à instaurer un environnement relativement protecteur, qui permet de vivre sans la peur du lendemain.

Exemple : un collaborateur confie le fait d'être inquiet des rumeurs qui circulent sur un rapprochement avec une entreprise concurrente. Face à cette peur sous-jacente de perdre un emploi, vous savez qu'il faut trouver les mots pour évoquer des solutions et rassurer.

✔ ***Le besoin de satisfaction intellectuelle :*** colère, renoncement, tristesse ont voix au chapitre dès lors que ces besoins ne sont pas satisfaits. Il s'agit des aspirations personnelles à apprendre, évoluer, se dépasser, aller de l'avant, toutes choses qui donnent un intérêt au travail et nourrissent la motivation. Ces besoins sont évoqués lors des entretiens individuels annuels.

Exemple : un collaborateur confie qu'il s'ennuie et souhaite avoir de nouvelles responsabilités. Pour répondre à ce besoin légitime de progresser, vous allez, avec lui, faire le point sur ses responsabilités actuelles,

Conseil pratique

Repérez quelles émotions se cachent derrière un besoin

Pour traiter le bon besoin, il vous faut déceler les éventuelles émotions cachées. Par exemple, une réaction d'agressivité est prise pour de la colère, alors qu'elle est souvent l'expression d'une peur qui n'ose pas s'exprimer. Faites donc la part des choses, pour bien déceler le besoin qui s'exprime à travers une émotion. Autrement, vous apporterez une réponse inadaptée. Face à ce que vous prenez pour de la colère, vous chercherez des mots pour calmer le courroux de votre interlocuteur, alors que celui-ci, qui ressent en réalité de la peur, a besoin de mots rassurants. En somme, vous soignerez l'émotion négative avec un mauvais médicament.

étudier s'il en a exploité tous les aspects, toutes les possibilités et chercher le moyen de réactiver l'envie et le plaisir.

✔ ***Le besoin de sens :*** ce besoin au contour plus flou est pourtant essentiel, puisque chacun a la nécessité de trouver un sens à ce qu'il fait, ou alors son travail perd de la valeur à ses propres yeux. C'est un élément important de l'estime de soi. Le sentiment de répétition, induit par la perte de sens, procure de l'ennui et aboutit à une véritable démotivation.

Exemple : un publicitaire se laisse envahir par la vacuité et le côté marchand de ses messages. Mais si, en arrière-plan, l'entreprise affirme des valeurs fortes, éthiques et les applique en son sein, ce sentiment aura moins lieu d'exister.

✔ ***Le besoin de reconnaissance :*** se sentir estimé, apprécié, bien intégré... Ce besoin doit trouver, au moins symboliquement, une façon d'être satisfait (mots de félicitations, primes, accès à une formation, etc.) ou alors rancœurs, frustrations et donc colère ou tristesse seront au rendez-vous.

Exemple : « À quoi bon me donner à 100 % si mon travail n'est jamais reconnu ? », se dira justement un collaborateur dont les bons résultats ne sont jamais sanctionnés.

Mémento

L'empathie et la sympathie, deux notions proches mais distinctes

La sympathie est moins exigeante que l'empathie, dans le sens où elle ne requiert pas de se mettre à la place de l'autre. Elle permet néanmoins de ressentir la même chose, puisqu'elle installe une relation chaleureuse et unificatrice. Ce mouvement vers l'autre se révèle très utile pour adopter une stratégie de conciliation, voire de réconciliation.

❸ Développez votre empathie

Un collaborateur qui a besoin de façon excessive d'être rassuré et apprécié, une morosité ambiante, un colérique chronique... comment se situer par rapport à ces différentes manifestations de caractères ? **L'essentiel est de trouver la juste distance,** c'est-à-dire celle qui exclut le mépris ou l'ignorance des émotions des autres, mais aussi celle qui empêche de se laisser envahir par ces émotions.

S'adapter aux autres ne signifie pas que vous devez vous soumettre. Vous devez en revanche faire en sorte qu'un dialogue soit possible, afin que l'information circule. Autrement dit, vous devez faire preuve d'empathie et de sympathie.

Développer votre empathie vous permettra de mieux comprendre l'autre. L'empathie vous aidera plus particulièrement à écouter les signaux non verbaux émis par votre interlocuteur. En effet, votre état d'esprit est tel que vous êtes alors capable, par mimétisme, de ressentir les choses non dites. Prenez garde cependant à rester à bonne distance. L'empathie ne doit pas être syno-nyme de projection ou de transfert.

Pour cela, il faut veiller à ce que les émotions aient la place de s'exprimer.

Les quatre conditions de l'empathie

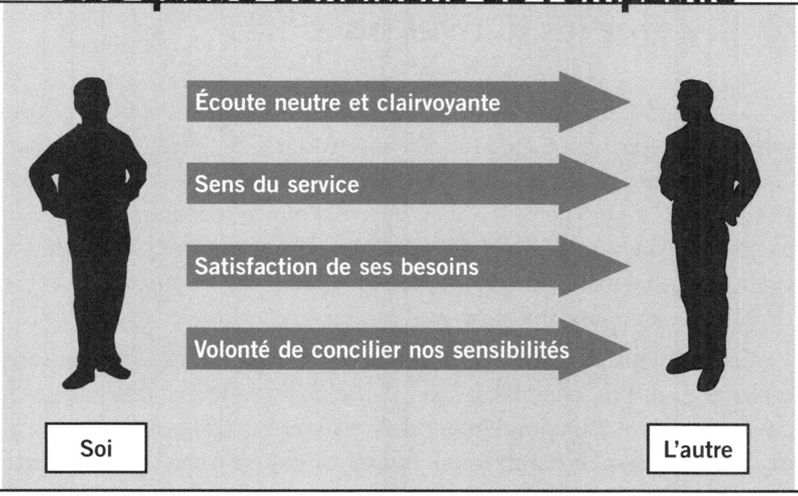

Section 3

Identifiez et dépassez les jeux de pouvoir

À l'origine des jeux de pouvoir, il y a des rôles, des scénarios montés de toutes pièces dans le but, illusoire, d'en retirer des bénéfices. Pour sortir de ces jeux psychologiques, néfastes à l'entreprise car instaurant des relations biaisées, il convient de s'affirmer et d'instaurer un rapport direct et authentique avec les autres.

1 Repérez les dérives possibles

Gardez à l'esprit qu'il n'est pas d'organisation sans relations et donc sans jeux de pouvoir. De nombreux événements de la vie en entreprise constituent des rituels où chacun se doit de tenir un rôle, conformément à la hiérarchie. Par exemple, lors d'une réunion, le manager commence par prendre la parole, la distribue ensuite aux différents collaborateurs, avant de conclure. Ainsi sont répartis les rôles et cela ne pose pas de problème quant aux émotions qui sont en jeu.

Certains jeux de pouvoir sortent en revanche du cadre, dans le sens où ils ne sont pas acceptables soit parce qu'ils dénotent des abus, soit parce qu'ils sont plus simplement dommageables à de bonnes relations professionnelles. Le harcèlement moral, la manipulation – consciente ou non – des émotions de l'autre dans un but précis, la culpabilisation, l'humiliation constituent des illustrations de ces dérives possibles.

Dans chaque jeu de pouvoir, il est question de rôle. Rôle que l'on s'autoattribue, rôle dans lequel on se laisse enfermer, rôle que l'on voudrait usurper à l'autre, rôle que l'on veut asseoir à tout prix… Dès lors, de nombreux scénarios sont possibles, qui dépendent une nouvelle fois de la position (infériorité, supériorité, parité…) dans laquelle vous vous placez par rapport à votre entourage.

❷ Optez pour une conduite adulte

Pour sortir des jeux de pouvoir, il convient d'instaurer une relation adulte avec autrui, où le faux-semblant n'a pas sa place. À chaque fois qu'un tel cas de figure se présente, cherchez toujours à rester authentique. Faites parler l'adulte qui est en vous ! Posez des questions, informez-vous, construisez un dialogue avec l'autre et vous constaterez que les mauvais rôles ne sont alors plus tenables.

En guise d'illustration, citons l'exemple d'un manager qui se comporte comme un « parent persécuteur » en vous appelant le week-end pour demander des comptes sur la semaine écoulée, en particulier sur vos derniers rendez-vous, alors qu'il n'y a aucun caractère d'urgence.

L'attitude que vous allez adopter, en réponse à cette intrusion dans votre sphère privée, peut être différente, selon les cas de figure :

✔ ***Si vous vous comportez en enfant soumis :*** vous allez alors répondre immédiatement à ces demandes, en vous excusant même de ne pas avoir devancé l'appel. Vous allez écouter les réprimandes sans piper mot et vous précipiter sur votre ordinateur pour rédiger le compte rendu de vos derniers rendez-vous, afin de l'envoyer au plus vite par mail.

Pour aller plus loin

La notion du triangle dramatique

Un des schémas possibles, qui explique bon nombre de relations entre les personnes, est le triangle dramatique élaboré par le psychologue américain Stephen Karpman.
Celui-ci a défini trois rôles différents, mais intimement liés :

- **➜ le persécuteur ;**
- **➜ la victime ;**
- **➜ le sauveur.**

Ces rôles peuvent être tenus par trois protagonistes différents, mais aussi alternativement par deux ou bien un seul d'entre eux. Face à l'un de ces rôles, vous aurez tendance à adopter l'une ou l'autre des postures restantes. Par exemple, face à une victime, vous opterez soit pour le rôle du sauveur, soit pour celui du persécuteur.
En enfermant chacun dans un rôle, ce schéma ne fait que créer une dynamique négative au sein d'un groupe ou d'une entreprise. Il entretient les conflits larvés, au lieu de régler simplement un problème, qui ne peut être solutionné de façon sereine et objective que si les jeux de pouvoir restent éloignés.
Ce triangle constitue donc une bonne grille de lecture pour identifier les situations sujettes à dérives. Conscient de ce mode de fonctionnement, vous aurez alors le moyen d'y couper court.

✔ ***Si vous vous comportez en enfant rebelle :*** vous n'allez pas prendre l'appel et rester sur messagerie tout le long du week-end. Le lundi matin, en arrivant au bureau, vous allez être dans une attitude de défiance et de provocation face à votre chef-parent-persécuteur. Le conflit s'apparentera à une mise au point de type parental, ce qui est loin d'être responsabilisant pour vous. Chacun sera conforté dans son rôle, jusqu'au prochain épisode de ce type.

✔ ***Si vous vous comportez en adulte :*** vous prenez l'appel, tout en expliquant d'un ton ferme que, comme vous vous y étiez engagé, vous ferez un rapport le lundi matin. En agissant ainsi, d'adulte à adulte, vous refusez d'entrer dans le jeu de votre interlocuteur et de donner prise à des dérives comportementales.

Par conséquent, n'ayez pas peur de faire preuve d'autonomie et de prendre des décisions sans vouloir à tout prix plaire à l'autre ou lui faire plaisir ! Et s'il peut être utile, pour votre créativité, de laisser s'exprimer l'enfant qui est en vous, ne vous laissez pas enfermer dans ce rôle lorsque vous êtes en situation de négociation ou d'échange.

Pour aller plus loin

L'analyse transactionnelle

L'analyse transactionnelle a été mise au jour dans les années 1960 par un psychiatre et psychanalyste américain, Éric Berne.
Cette méthode permet d'analyser les modes de communication d'une personne à une autre, à deux ou en groupe.
Elle se base sur le principe qu'il existe, en chacun de nous, trois « états du Moi » :

➜ le parent : il reproduit des comportements à partir du modèle parental, ou bien influencé par un professeur, un manager, un ami, et englobe ses valeurs, normes, jugements, opinions, sur lesquels se fondent ses critiques ou approbations ;

➜ l'adulte : il pose des questions, s'informe, analyse, communique, réfléchit, trouve des réponses adaptées et ne s'embarrasse pas du passé ;

➜ l'enfant : il ressent les choses, les gens, il éprouve des émotions et des sentiments. Il peut être soumis, rebelle, ou spontané et créateur.

Section 4

Apprenez à gérer les émotions des autres

Trouver un langage commun permet de concilier ses émotions et celles des autres. Pour ce faire, identifiez si votre interlocuteur communique plutôt* via *l'ouïe, la vue ou le toucher. Vous parviendrez ainsi à être sur la même longueur d'onde, préalable obligatoire à toute entente.

1 Identifiez le mode de communication de votre interlocuteur

De retour d'un séminaire à l'étranger, certains se rappelleront la vue carte postale depuis la terrasse de l'hôtel, d'autres l'odeur des orangers en fleurs, d'autres la sensation de la chaleur du soleil, d'autres encore le bruit lointain et pétaradant des mobylettes. Chacun perçoit le monde différemment, car chacun possède un canal sensoriel privilégié par lequel il va ressentir les choses et communiquer ses émotions.

Il existe trois grands modes de communication :

✔ ***Si votre interlocuteur est un « auditif » :*** il est pragmatique, il croit ce qu'il entend et perçoit mal le non-verbal, il est en revanche sensible à l'intonation et au volume de la voix. Quand il exprime ses émotions, il conceptualise, rationalise et utilise un champ lexical en lien avec l'audition.

Pour bien communiquer avec un auditif, vous devez utiliser son vocabulaire, expliquer les choses, plutôt que lui mettre sous les yeux un document écrit. Pour être rassuré, un auditif doit se sentir écouté au premier sens du terme : « Je vous écoute », « J'entends votre colère », « Je suis toute ouïe », « Avec ce nouvel élément, il arrêtera de faire la sourde oreille », « Ne prêtez pas l'oreille aux rumeurs », « Je ferai écho de votre point de vue en haut lieu », « Ne nous arrêtons pas à cette fausse note ».

Pour aller plus loin

La PNL

Un processus de communication a été formalisé dans les années 1970 par deux chercheurs américains, Richard Bandler et John Grinder, sous le nom de PNL : programmation neurolinguistique. Nous percevons en effet le monde selon la façon dont nous le ressentons (canal kinesthésique), l'imaginons (canal visuel) ou le comprenons (canal auditif) et, de la même façon, nous en parlons avec un vocabulaire spécifique à chaque canal.

✔ ***Si votre interlocuteur est un « visuel » :*** il est formel, il croit ce qu'il voit et perçoit bien les expressions faciales, les mimiques, et tout autre élément non verbal. Quand il exprime ses émotions, il se réfère à des images et utilise un champ lexical en lien avec la vue.

Pour bien communiquer avec un visuel, vous devez faire appel à une représentation concrète des faits : « Votre plan reste encore obscur pour moi, montrez-moi où vous voulez en venir », « À première vue, tout ça me paraît clair », « Voyez-vous ce que je veux dire ? », « J'ai du mal à me figurer votre démotivation », « J'imagine ce que vous voulez dire ».

✔ ***Si votre interlocuteur est un « kinesthésique » ou un « sensitif » :*** il est sensible, il ressent beaucoup d'émotions et décode très bien les non-dits, il sait même anticiper en percevant les choses avant même qu'une personne nuance ses propos. Quand il exprime ses émotions, il utilise un champ lexical large, en lien avec le toucher et des sensations physiques (je sens, je perçois, je ressens).

Pour bien communiquer avec un kinesthésique, vous devez parler un langage riche en images, en expressions colorées, qui traduisent un mouvement : « Mettons cartes sur table », « Faisons preuve de bon sens », « J'ai bien saisi le sens général de votre propos », « Vous avez mis le doigt sur quelque chose d'important ».

❷ Adoptez une stratégie de conciliation

Pour gérer les émotions des autres, il convient de les écouter, de les comprendre, afin de pouvoir dialoguer et résoudre d'éventuels conflits ou malentendus. Avoir identifié le canal privilégié par lequel votre interlocuteur communique vous aidera à parler le même langage. Si la personne a un profil d'auditif, vous pourrez piocher dans son champ lexical et choisir ainsi un vocabulaire mieux adapté et plus susceptible d'être entendu.

Il s'agit de mettre en œuvre une certaine plasticité de votre comportement. Une plasticité qui ne veut pas dire soumission ou abnégation, mais implique au contraire une ouverture d'esprit. Cette stratégie de conciliation doit permettre à chacun d'exprimer ses émotions, d'échanger ses impressions, d'indiquer à l'autre que vous avez bien compris ses émotions, lui **montrer que vous êtes en phase avec lui et ses ressentis**. Tel est le message qu'il vous faut formuler et transmettre.

Mémento

Le B.A.BA de la conciliation

Être conciliant ne veut pas dire être d'accord. Il ne s'agit pas de coller à l'émotion de l'autre, mais de trouver un terrain d'entente possible. Pour y parvenir, on n'a pas encore trouvé mieux que la communication !

Face à des personnalités difficiles qui ne décolèrent pas ou font preuve de mauvaise foi, il convient dans un premier temps de « déminer le terrain » afin de créer les conditions d'un vrai dialogue, préalable obligatoire à toute stratégie de conciliation.

Vous pouvez pour cela utiliser différentes méthodes :

✔ ***Si votre interlocuteur est au pic de sa colère,*** attendez que l'adrénaline redescende ; il sera alors capable d'entendre vos arguments. Parlez posément et à voix basse afin de calmer le jeu et de pouvoir reprendre le fil d'une conversation constructive. Au besoin, remettez à plus tard l'entretien, mais sans oublier pour autant les causes de la colère auxquelles il va falloir apporter une réponse d'une façon ou d'une autre.

✔ ***Si votre interlocuteur se montre agressif,*** ne cherchez pas à le contrecarrer car cela risquerait de le braquer et de bloquer toute conciliation possible. Allez, de façon mesurée, dans son sens : « Vous avez raison », « Je comprends », « Si vous ressentez les choses ainsi, c'est qu'il faut revoir les choses »... Adopter ce ton de compréhension et d'apaisement vous permettra de ne pas répondre à de l'agressivité par de l'agressivité, mais au contraire à trouver une issue possible d'entente.

✔ ***Si votre interlocuteur ment ou tergiverse,*** gardez votre sang-froid, écoutez ce qu'il a à dire sans le couper, ou en disant juste « C'est possible », puis exposez ensuite vos arguments en restant toujours sur un terrain rationnel et concret, c'est-à-dire en bannissant tout jugement de valeur.

Les trois grands canaux de communication

L'auditif	Le visuel	Le kinesthésique
Entendre Écouter Tendre l'oreille Dire Discuter Appeler Marmonner Divulguer	Voir Montrer Visualiser Éclaircir Percevoir Reconnaître Remarquer Démontrer	Être en contact Éprouver Toucher Pousser Prendre à cœur Ressentir Émouvoir Blesser Tâtonner Bousculer
Bavardages Commérages Cacophonie Cri Bruit	Lumineux Clair Rayonnant Objectif Net Flou	Doux Emporté Léger Incisif Chaleureux Froid
Voix Parole Ton Harmonie Silence	Perspective Horizon Nuage Écran	

Et vous, où en êtes-vous ?

Quel est votre canal de communication privilégié ?

Pour le savoir, répondez aux questions suivantes en entourant la réponse a, b, c ou d.

1. Quand vous entrez dans une pièce pour la première fois, que remarquez-vous surtout ?

- ☐ a. Le calme ou le bruit de l'environnement.
- ☐ b. La couleur des murs et sa décoration.
- ☐ c. L'ambiance, la sensation de fraîcheur ou de chaleur.
- ☐ d. Vous ne remarquez rien de particulier, vous pensez à la raison qui vous amène ici.

2. Quand vous rencontrez une personne pour la première fois, que remarquez-vous surtout ?

- ☐ a. Rien, vous pensez à ce que vous avez à lui dire.
- ☐ b. Vous ressentez qu'elle vous est sympathique ou non.
- ☐ c. Vous remarquez comment elle est habillée et sa gestuelle.
- ☐ d. Vous vous concentrez sur ce qu'elle vous dit.

3. Quand vous êtes dans les transports en commun :

- ☐ a. Vous regardez les gens autour de vous.
- ☐ b. Vous êtes dans vos pensées.
- ☐ c. Vous ressentez le manque de place.
- ☐ d. Vous écoutez la conversation de vos voisins.

4. En réunion, que privilégiez-vous surtout ?

- ☐ a. Les propos des interlocuteurs.
- ☐ b. Leur gestuelle et leur look.
- ☐ c. La concentration sur vos propres arguments.
- ☐ d. Le climat détendu ou non de l'assemblée, l'attitude positive ou fermée de vos voisins de table.

5. Vous entrez dans un magasin, que faites-vous ?

- ☐ a. Vous vous dirigez vers ce qui vous attire.
- ☐ b. Vous allez vers une vendeuse pour lui demander l'article.
- ☐ c. Vous vous empressez d'essayer ou de toucher plusieurs articles au hasard.
- ☐ d. Vous expliquez à la vendeuse ce que vous recherchez exactement.

6. Un de vos collègues rentre de vacances :

- ☐ a. Vous remarquez sa mine bronzée et reposée.
- ☐ b. Vous pensez que les vôtres sont proches.
- ☐ c. Vous avez du plaisir ou du déplaisir à le revoir.
- ☐ d. Vous pensez que vous étiez bien au calme en son absence.

Pour connaître le résultat de votre autoévaluation, reportez-vous page 122.

L'essentiel

CANALISER LES ÉMOTIONS DES AUTRES CONSISTE À ÊTRE EN PHASE AVEC ELLES, AFIN DE LES COMPRENDRE ET D'ÉTABLIR UN DIALOGUE CONSTRUCTIF.

1 SOYEZ OUVERT À L'AUTRE

Commencer par établir les conditions d'un bon dialogue : écouter, poser des questions, apporter des réponses, en mettant de côté toute idée préconçue ou tout jugement hâtif.

2 TROUVEZ LE BESOIN QUI S'EXPRIME DERRIÈRE UNE ÉMOTION

Pour mieux adapter sa réponse, il faut reconnaître le besoin qui se cache derrière le discours ou le ressenti de son interlocuteur : besoin de sécurité, de reconnaissance, de sens, de satisfaction intellectuelle.

3 FAITES PREUVE D'EMPATHIE

C'est la capacité à se mettre à la place de l'autre et à ressentir ce qu'il ressent.

4 INSTAUREZ UNE RELATION D'ADULTE À ADULTE

Le meilleur rempart pour ne pas tomber dans les jeux de pouvoir est de refuser d'endosser le rôle du sauveteur, du persécuteur ou de la victime.

5 SOYEZ EN PHASE AVEC VOTRE INTERLOCUTEUR

Identifier son mode de communication, parler le même langage, aider à concilier les différentes émotions pour trouver un terrain d'entente.

❑ ***Notes personnelles***

Chapitre 5

Faire de ses émotions le moteur de sa réussite

Objectifs du chapitre

- ✗ Améliorer ses techniques de management grâce aux émotions.
- ✗ Affirmer son leadership.
- ✗ Optimiser sa maîtrise émotionnelle.

Section 1

Utilisez vos émotions pour mieux communiquer

La maîtrise émotionnelle est un atout majeur pour bien communiquer. Elle permet de gérer les aléas de la vie en entreprise, en gardant son calme et son sang-froid, et ce dans toutes les circonstances. Elle aide en outre à transmettre des messages clairs et convaincants, qui passent non seulement par le langage mais aussi par votre voix et la posture de votre corps.

1 Préservez le fil de la communication en toutes circonstances

Qu'il s'agisse de communication interne (avec soi-même) ou externe (avec les autres), il convient de ne pas rompre ce lien ténu qui consiste à être connecté avec soi-même ou avec les autres. Certaines circonstances difficiles peuvent provoquer une rupture de la communication, soit parce qu'elles font vaciller certains fondements, soit parce qu'elles font vivre des émotions très fortes et compliquées à gérer. **Restez maître de vos émotions, gardez votre sang-froid**, y compris dans ces instants éprouvants. Ces aptitudes constituent les premières clés pour bien communiquer.

Lorsque vous préparez la présentation d'un projet, vous imaginez tout un scénario, avec différentes entrées et sorties possibles. Vient l'heure de vérité. Des émotions peuvent surgir, auxquelles vous n'étiez pas préparé, parce que vous ne les aviez tout simplement pas anticipées. Ainsi, vous pouvez être un temps déstabilisé par la remarque d'un client, remarque qui vous touche particulièrement parce qu'elle induit le doute en vous. Doute qui peut vous faire peur, ou provoquer une colère silencieuse contre vous-même (« J'aurais dû y penser, je suis vraiment nul »). Grâce à la méthode acquise jusqu'ici, qui consiste à décrypter vos émotions et mobiliser votre confiance en vous, vous parviendrez à vous adapter à toute situation, à garder les idées claires afin de poursuivre votre communication.

2 Sachez convaincre avec sincérité

Pour accroître votre potentiel de leadership, il est indispensable de posséder le sens de la communication. À l'image d'un acteur qui trouve dans son vécu matière à créer, à interpréter des rôles, vous devez puiser dans vos émotions pour mieux communiquer. **Toute la palette des émotions peut être utilisée, pourvu que le discours soit sincère et le message clair et convaincant**.

Votre communication doit répondre à ces principes de base :

- ✔ comprendre l'autre ;
- ✔ faire sentir à l'autre que vous avez compris ;
- ✔ se faire comprendre par l'autre ;
- ✔ sentir si l'autre vous a compris.

Conseil pratique

Restez calme

Il est fréquent de constater que l'on se fait mieux entendre en restant calme et en parlant posément. Dans son second ouvrage consacré à l'intelligence émotionnelle (*L'intelligence émotionnelle 2*), Daniel Goleman relate une réunion « musclée » au campus de Microsoft entre un Bill Gates fort en colère et une vingtaine de jeunes recrues qui, terrorisées, osent à peine le regarder dans les yeux.
Une personne parvient à faire entendre ses arguments : elle n'hésite pas à l'interrompre sur un ton calme, imperturbable, en exposant son raisonnement de façon claire, sans se laisser déstabiliser par l'anxiété générale.

Il existe plusieurs techniques pour travailler la posture, la voix, le langage, des éléments qui constituent les différents piliers d'une bonne communication, c'est-à-dire celle qui crée cette adéquation entre le message émis et le message reçu :

✔ ***Adoptez une posture droite :*** si vous avez le dos voûté ou le corps affalé, vous constaterez que votre discours tend à se dérober, à perdre de son intensité et de sa capacité de persuasion. Un corps bien à la verticale – ce qui ne veut pas dire raide – permet de libérer à la fois le geste et la parole. Pour trouver la bonne posture, pensez à un fil tendu imaginaire qui, à l'image d'une marionnette, permet de vous grandir tout en restant souple.

✔ ***Regardez votre interlocuteur :*** la vue joue un rôle déterminant dans la communication. Dès que la concentration s'échappe un moment, votre regard s'évade ailleurs dans la pièce et c'est alors que les hésitations, les mots et les émotions parasites s'invitent dans le discours… En outre, ne vous privez pas de toutes les informations qui circulent par le regard seul, sans parole ou geste à l'appui.

✔ ***Tenez la voix :*** les acteurs ont l'art de jouer des différentes modulations de la voix pour faire passer une émotion ou une autre. Il est également possible, dans la communication, d'user de différents registres. L'important est de tenir une phrase, un discours jusqu'au bout, pour gagner en conviction. Votre affirmation perdra en effet de son autorité si elle se termine par une baisse de ton qui, inconsciemment, instillera une part de doute ou d'hésitation.

Mémento

Le management à l'émotion

L'émotion est désormais intégralement prise en compte par le management, à tel point que l'on parle de « management à l'émotion ». Des dirigeants d'entreprise sont d'ailleurs passés maîtres dans cet art. Ils savent emporter les faveurs d'un public en tenant un langage qui suscite une vague d'émotions chez ceux qui l'écoute.

À cet égard, le discours de Jean-Marie Messier en novembre 2000, pour convaincre les salariés de Canal+ (inquiets de la fusion avec Vivendi Universal), a fait date : « J'ai du plaisir et de l'émotion à être là » ; « Les gens qui me connaissent ou pas le savent, ça s'entend assez vite : je ne sais pas cacher mes émotions (…) et je me dis que le jour où je les cacherai, ou pire encore, le jour où je n'en aurai plus, c'est que je serai devenu un vieux con ».

Mais J2M n'a pas tenu sa promesse de ne pas toucher à la chaîne cryptée… C'est bien là la preuve de la limite de ce type de management qui doit, pour fonctionner, se fonder sur l'honnêteté.

Et vous, où en êtes-vous ?

Savez-vous vous servir de vos émotions pour communiquer ?

Pour le savoir et connaître le mode d'emploi en situation, lisez attentivement les propositions suivantes et évaluez ce que vous faites vraiment et ce que vous pourriez améliorer :

1	En réunion, lorsque je défends une idée, je m'attache à capter les réactions positives et négatives pour y répondre précisément et convaincre les sceptiques.
2	En négociation, je cherche toujours à décrypter les ressentis de mes interlocuteurs et leur indique que je les ai compris, je pratique l'empathie pour comprendre leurs intérêts et leurs préoccupations.
3	Quand je transmets un savoir-faire, je suis à l'écoute des questions mais aussi de la gestuelle pour bien m'adapter et être bien compris.
4	Dans certains discours improvisés, je laisse voir ma joie ou ma tristesse et incite les autres à se manifester aussi, j'utilise le vocabulaire et la gestuelle de l'émotion (« je ressens », « je suis triste de », « je suis heureux de », je souris, je fais des gestes d'ouverture).
5	Quand j'annonce un changement à mes équipes, j'en explique la nécessité, je leur laisse le temps d'accueillir la nouvelle, je les incite à réagir en réunion, j'anticipe leurs craintes par la compréhension et l'empathie. Nous exposons ensemble les motifs de leur peur pour apprivoiser « l'inconnu » et trouver des solutions.
6	Pour faire adhérer mon équipe à un projet et partager avec elle ce défi, je ne cherche pas à l'imposer, je dialogue, je leur donne envie de travailler ensemble au sein d'une équipe soudée, je leur montre l'intérêt de collaborer avec des partenaires extérieurs pour un projet innovant, je cherche donc à les motiver et à les impliquer en amont pour réussir ensemble ce projet.
7	En réunion d'équipe, un coéquipier fait une remarque ironique et essaie de manipuler les autres sur un sujet sensible de politique d'entreprise. Je ressens une certaine colère que je décide de ne pas laisser éclater mais d'exprimer en faisant le point calmement sur les informations officielles actuelles et confirmer la transmission régulière d'informations.
8	Cette année, mon équipe est mécontente du montant des primes accordées par la direction, mes coéquipiers arrivent en réunion de service, certains énervés et agressifs, d'autres déçus, distants ou fermés, je décide de débriefer avec eux cette décision de la direction avant d'entamer l'ordre du jour de notre réunion.

Pour connaître le résultat de votre autoévaluation, reportez-vous page 123.

Section 2

Laissez libre-court à votre sens de l'innovation

Changer, c'est bouleverser l'ordre des choses, c'est accepter un nouvel état de fait. La peur, la colère, la tristesse mais aussi le désir permettent de s'adapter et de vivre de façon positive un changement qui est vécu souvent, d'abord, comme une menace. Lorsqu'une entreprise s'engage sur la voie du changement, il revient au manager d'accompagner son équipe pour l'emmener au-delà des appréhensions de départ. Pour y parvenir, impliquez votre équipe en amont, écoutez les peurs, fixez des objectifs intermédiaires, bref, ayez le sens du collectif et du participatif.

1 Sachez vous adapter

Le changement bouleverse, à tous les points de vue. Qu'il soit vécu de façon positive (une promotion, un nouveau projet, une rencontre...) ou négative (un licenciement, un déménagement, une rupture...), il provoque des émotions en chaîne :

- ✔ ***la peur*** de l'inconnu et des mauvais lendemains, l'appréhension de devoir changer ses habitudes, celle de perdre certains acquis ;
- ✔ ***la colère*** devant un changement qui tarde à prendre forme, la colère contre soi de n'avoir rien vu venir, la colère contre la personne qui vous oblige au changement ;
- ✔ ***la tristesse*** de perdre un certain confort, une habitude, un environnement de travail ;
- ✔ ***la joie et le désir*** qui surviennent lorsqu'un changement est accepté et ouvre alors de nouvelles perspectives.

Laissez-vous aller à toutes ces émotions. Et sachez les gérer. La peur est en effet inhérente au changement ; vous la ressentirez forcément. L'important est de ne pas vous laisser envahir par des représentations mentales ou des fantasmes qui confèrent à toute évolution au mieux un goût amer, au pire une saveur détestable. Sachez déminer les obstacles au changement. La peur ne doit pas vous faire entrer en résistance, mais vous alerter sur un nouvel environnement et mobiliser toute votre énergie pour tirer le meilleur profit de cette nouvelle situation. Ainsi, voyez loin et identifiez tous les bénéfices que le changement en question est susceptible de vous apporter.

> **Conseil pratique**
>
> **Faites preuve d'optimisme**
>
> **Le changement contient souvent une certaine violence parce qu'il modifie vos croyances ou les valeurs de votre entreprise. Pour vous adapter, il faudra remettre en cause des principes fortement ancrés en vous. Adopter une vision optimiste des choses vous aidera à mieux vivre le changement.**

La colère est également une émotion par laquelle il vous faudra passer. Vous le savez, elle aide à prendre son autonomie, ce qui est précieux dans un processus de séparation et de rupture. Enfin, la tristesse accompagne également le changement : en anticipation (« c'est la fin d'une époque ») ou *a posteriori* (la légère dépression qui survient après la joie d'une mutation réussie). En réactivant l'envie, le désir permet de se fixer de nouveaux objectifs.

2 Apprenez à accompagner le changement

Les dirigeants savent bien, désormais, qu'un changement est réussi lorsqu'il est partagé par les salariés et non décrété d'en haut. C'est donc principalement au manager que va revenir la lourde tâche de faire accepter ce changement.

Comment dépasser les premières résistances qui vont inévitablement s'exprimer ? En tant que manager, vous allez devoir jouer le rôle d'accompagnateur et même, pourrait-on dire, de guide.

Pour y parvenir, suivez ces différents conseils :

✔ ***Apportez une vision à la fois réaliste et ambitieuse du changement :*** pour fédérer les énergies autour d'un ordre nouveau, encore faut-il tendre vers un objectif clairement identifié et porteur d'une ambition. À proscrire : le changement pour le changement.

✔ ***Expliquez les choses :*** vous devez prendre le temps d'éclaircir les causes du changement et d'informer régulièrement votre équipe du cours des événements, car le principal obstacle au changement réside dans l'absence de bonnes raisons de bouger.

✔ ***Impliquez votre équipe en amont :*** le changement est une aventure collective ; il faut donc y associer l'équipe entière. Menez une réflexion commune, cherchez ensemble les moyens de mettre en œuvre de nouveaux axes ; en un mot, faites appel au management participatif, tout en restant bien sûr le capitaine à bord.

✔ ***Donnez le bon tempo :*** un changement qui court sur une trop longue période perdra ses objectifs et sa dynamique en cours de route. C'est souvent le cas lors de fusion d'entreprises : un laps de temps de plusieurs mois, voire plusieurs années, peut s'écouler entre le moment où est décidée cette alliance et celui où elle s'applique effectivement. Tel un coureur de fond, il faut savoir gérer l'alternance de périodes d'accélération et de décélération. En tant que manager, vous devez savoir fixer des objectifs intermédiaires, qui permettront de remobiliser les énergies. Pour autant, le changement ne doit pas s'étaler sur une trop courte période. Car l'adhésion requiert du temps.

Mémento

Les principales résistances au changement

Les résistances au changement peuvent être individuelles (volonté de se mettre à l'abri d'une rupture ou d'une remise en question...), conjoncturelles (pessimisme ambiant, réactions politiques et sociales face à une fusion, un rachat d'entreprises ou une privatisation...), ou collectives (lorsque la culture interne ou des organisations syndicales bloquent un projet de changement de culture de management, de réorganisation des services...).

✔ ***Écoutez les émotions des autres :*** faites preuve d'empathie, laissez les inquiétudes s'exprimer dans un cadre bien défini (lors d'une réunion ou d'un entretien en tête-à-tête). Faites la différence entre la part des émotions liées au changement et celle qui témoigne d'une réelle résistance. Trouvez les mots pour rassurer ; donnez des encouragements à ceux qui expriment de la souffrance, tout en sachant que vous ne parviendrez probablement jamais à convaincre tout le monde du bien-fondé du changement. Veillez, dans tous les cas, à ce qu'une mauvaise dynamique ne s'instaure pas. Pour cela, réaffirmez la vision globale du changement, ainsi que ses objectifs. En outre, réactivez le désir en tenant un discours motivant.

Section 3

Encadrez et motivez grâce à vos émotions

La motivation est d'abord une affaire personnelle. Votre capacité d'enthousiasme dépend de votre sens de l'engagement, de l'exigence, de l'initiative et aussi de votre persévérance à dépasser les obstacles et déconvenues. Travailler ces différents sens vous aidera à atteindre votre objectif. La joie et le désir constituent par ailleurs le meilleur argument pour créer au sein d'une équipe une dynamique motivante et propice à la créativité.

1 Trouvez en vous les ressources de votre motivation

La motivation est une compétence émotionnelle primordiale puisqu'elle aide à atteindre ses objectifs et à persévérer en dépit des obstacles et des déconvenues. Pour Daniel Goleman, le père de l'intelligence émotionnelle, elle agit comme une boussole, dans le sens où elle vous guide vers vos buts, et augmente votre efficacité professionnelle.

Seulement, tout le monde n'est pas égal face à la motivation. Constatez-le par vous-même : un projet identique réjouira certains, en rendra d'autres indifférents, tandis que d'autres encore manifesteront ennui et démotivation. La capacité à faire preuve d'enthousiasme dépend avant tout du caractère, du vécu et du profil émotionnel.

C'est donc d'abord en vous-même que vous allez puiser les sources premières de votre motivation. Car si vous pensez trouver une motivation dans le retour sur investissement escompté, vous faites en partie fausse route. La conjoncture actuelle interdit en effet d'assurer le lien de cause à effet entre, d'une part, une implication forte et, d'autre part, des résultats attendus (reconnaissance, primes, avancement...).

Mémento

Le repos émotionnel

Avant de gérer la motivation des autres, en offrant un encadrement propice à leur épanouissement, il faut travailler votre propre motivation. Sachez toutefois vous autoriser des moments de repos émotionnel. De fait, votre motivation ne peut être à son point optimum à tous les instants de la vie professionnelle. Parfois, il est utile de passer par une période de *statu quo*, où vous restez sur vos acquis, afin de « recharger les batteries » et aller de l'avant. Et si aucun projet à l'ordre du jour ne vous motive *a priori*, faites appel à votre créativité et proposez-en de nouveaux.

La meilleure des motivations est intérieure.

Vous devez ainsi développer ou faire preuve de :

- ✔ ***sens de la perfection :*** soyez exigeant envers vous-même, ayez la volonté d'aller de l'avant, de progresser, d'étendre le domaine de vos connaissances et savoir-faire ;
- ✔ ***sens de l'engagement :*** sachez épouser les objectifs d'un groupe ou d'une entreprise et assumer les éventuels sacrifices que cela implique ;
- ✔ ***sens de l'initiative :*** sachez anticiper les choses, tenez-vous prêt à saisir les opportunités et, plus encore, créez les occasions ;
- ✔ ***sens de la persévérance :*** préférez, à la peur de l'échec, la volonté et l'espoir de réussir.

2 Créez une dynamique motivante

Face à la ritournelle des « aquoibonistes », qui répètent sur tous les tons « à quoi bon », le manager n'est pas dépourvu de moyens d'action. Pour entretenir une dynamique stimulante, malgré les aléas de la conjoncture, il dispose de deux émotions-leviers de motivation : la joie et le désir. La joie parce qu'elle conforte la motivation et entretient une spirale positive. Le désir parce qu'il déclenche de nouvelles motivations et pousse à l'action.

Pour activer ou réactiver ces deux émotions, il convient tout d'abord d'élaborer une vision motivante des objectifs de l'entreprise. Celle-ci doit exprimer des valeurs dans lesquelles les salariés peuvent se reconnaître. Des valeurs qui doivent être non seulement écrites, mais aussi mises en pratique. Si une entreprise inscrit la transparence parmi ses valeurs fondamentales, mais ne prend aucune disposition concrète en ce sens, cette distorsion crée un conflit de valeurs, néfaste à l'implication des salariés dans la réussite de l'entreprise.

L'autonomie joue également un rôle clé. Laissez à vos collaborateurs une liberté d'action pour organiser leur travail, fixer leurs objectifs et trouver des solutions aux problèmes rencontrés. Trop de contrôle et d'autoritarisme tuent l'initiative, la créativité et le plaisir qui vont avec. Le manager doit trouver le juste équilibre pour, à la fois, donner le rythme et le sentiment aux salariés qu'ils pilotent leur destin.

N'oubliez pas en outre de fixer un objectif réalisable à court terme (car la motivation perd de son intensité avec le temps) et qui représente un véritable défi. Il n'est, en effet, rien de pire que de confier un projet facile à une personne dont les compétences sont trop élevées. Le sentiment de ne pas être reconnu à sa juste valeur est à l'origine de nombreuses frustrations, synonymes, à terme, d'ennui et de démotivation. Comment engendrer un esprit d'équipe si les besoins de sécurité d'une personne ne trouvent pas de réponse, c'est-à-dire si l'incertitude plane quant à son devenir dans l'entreprise ?

Conseil pratique

Formulez des critiques constructives

N'hésitez pas à faire régulièrement des commentaires si vous êtes satisfait de la qualité d'une équipe ou d'un travail ; cela nourrit la motivation et l'envie de progresser. Et si vous avez des critiques à formuler, adoptez un ton constructif et non accusateur.

De fait, une critique motivée, justifiée et assortie de pistes d'action est beaucoup plus productive qu'une critique à l'emporte-pièce et sans recherche de solution concrète !

Pour aller plus loin

La pyramide de Maslow

Le psychologue Abraham Maslow a exposé dans les années 1950 sa théorie des besoins, démontrant qu'il faut d'abord satisfaire un niveau inférieur de besoin pour assouvir un besoin supérieur. Toujours d'actualité, voici cette hiérarchie des besoins, illustrée sous forme de pyramide. Vous constaterez que la peur, la colère ou la tristesse vont à l'encontre de la motivation, puisque ces émotions ne satisfont pas les besoins de sécurité. En revanche, la joie et le désir aident à contenter les besoins d'estime et d'accomplissement personnel :

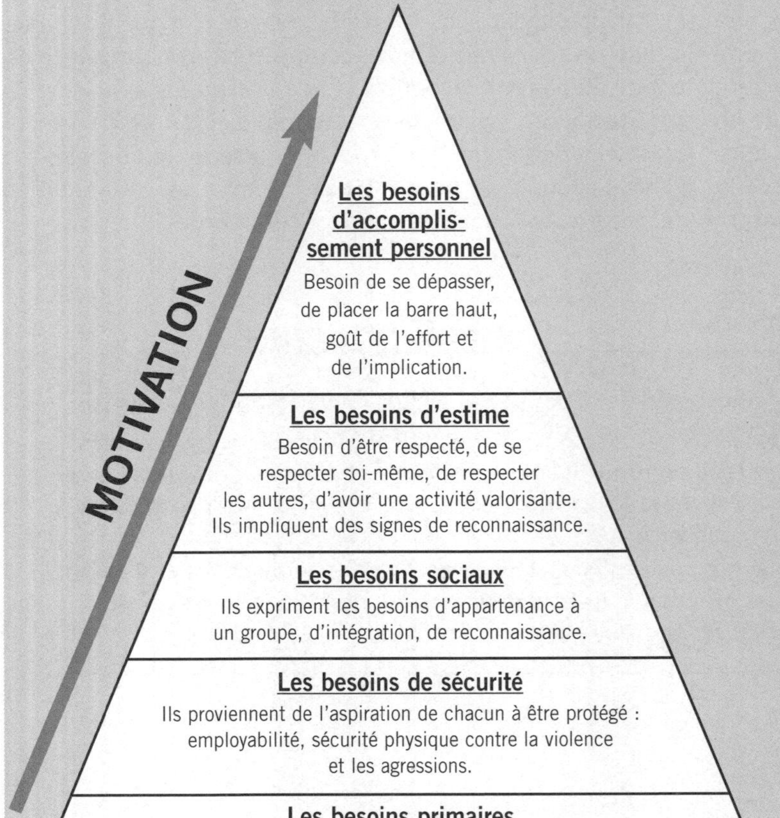

Section 4

Servez-vous de vos émotions pour décider

Les émotions font partie intégrante du processus de décision. Elles vous permettent de simuler différents scénarios possibles et vous aident ainsi à faire le bon choix, celui que vous pourrez assumer sans perdre trop de plumes. Surtout dans le cas de décisions collectives, prenez le soin d'exposer et d'expliquer vos arguments.

1 Sachez prendre la bonne décision

Vous aurez beau appliquer à votre décision toute la rationalité et l'objectivité possible, il est un équipier qui va inévitablement s'inviter dans le tour de table : l'émotion.

Une longue tradition a rattaché notre faculté de prendre des décisions à celle de penser. Les neurosciences et la psychologie sont venues démontrer qu'au contraire, les émotions sont indissociables du processus de décision.

Vous croyez bien souvent trancher les questions objectivement, mais **ce sont vos émotions qui gouvernent** : la peur de perdre, le désir de plaire, d'être admiré, le besoin de sécurité, le goût du confort, la solution de facilité, etc.

Mais puisque vos émotions permettent d'anticiper et de se projeter dans l'avenir, en simulant l'action, elles vont constituer un instrument fort utile dans la prise de décision. La connaissance que vous avez à présent de votre mode de fonctionnement et de votre capacité à gérer les émotions dans telle ou telle situation, vous apporte un indicateur précieux : vous allez pouvoir mesurer les conséquences de vos actes, en termes d'émotions positives ou négatives. Par exemple, si vous savez que les changements de poste à répétition provoquent chez vous anxiété, stress et perte de sommeil, vous saurez mieux dire non à des propositions de ce type, si vous en avez la possibilité. En revanche, s'ils sont synonymes de joie de découvrir un nouveau pays et de changer de cadre de travail, vous allez savoir répondre par l'affirmative sans trop d'hésitation ou d'incertitude.

Pour prendre la bonne décision, procédez en plusieurs étapes :

✔ ***Analysez en amont les tenants et les aboutissants de la décision :*** pour bien cerner la problématique en cause et y répondre le mieux possible, assurez-vous d'avoir toutes les données en main. N'hésitez pas à vous informer, à poser des questions, à aller à la pêche aux renseignements.

✔ ***Passez en revue toutes les solutions possibles :*** énumérez toutes les possibilités qui s'offrent à vous. La réponse à une question est rarement : « J'accepte » ou « Je n'accepte pas ». L'éventail est large. Posez les différentes hypothèses et, pour chacune d'elles, analysez les conséquences et les émotions en jeu (« Quelle émotion vais-je ressentir et surtout à quelle intensité ? »).

✔ ***Mesurez l'impact des différentes options, puis décidez :*** outre les conséquences pratiques et les différentes considérations tenant à votre entourage, il vous faut apprécier votre capacité à assumer tel ou tel choix. Si vous pensez qu'une des décisions possibles va générer en vous des émotions négatives en permanence, à quoi bon la retenir ? Pesez bien les choses : une offre peut avoir des allures séduisantes (« Je ne peux pas refuser, c'est important pour ma carrière »), mais sur le long terme montrer d'autres facettes (vous aurez sans doute fait vos preuves et obtenu l'avancement que vous vouliez, mais à quel prix, si vous ne ressentez que

Mémento

Qu'est-ce qu'une bonne décision ?

La bonne décision n'existe pas en tant que telle, puisqu'il est impossible d'être certain de ses choix à 100 %. Ce qu'on entend par là, c'est la décision qui se révèle la plus satisfaisante au regard de la situation donnée, c'est-à-dire celle qui permet de construire quelque chose, de se réaliser, tout en offrant le meilleur compromis avec les éventuelles difficultés qu'elle peut impliquer. Ne placez pas la barre trop haut : les décisions peuvent, le plus souvent, être réajustées en cours de route et souvenez-vous que la pire des décisions, c'est la non-décision. Le regret vient d'ailleurs souvent du fait de ne pas avoir su trancher et préférer la fuite.

colère, peur et tristesse, sans jamais connaître la joie ou le désir ?). Le tout est de fixer vos propres limites, de savoir ce qui est acceptable pour vous en termes d'émotions négatives. La problématique est identique s'agissant d'une équipe : est-il responsable de prendre une décision qui ne va adresser que des signaux négatifs en termes d'émotions ? Rien n'est moins sûr.

❷ Sachez faire part de vos décisions

La décision n'est pas tout, encore faut-il savoir l'annoncer, surtout s'agissant de décision collective. C'est un moment essentiel, sur lequel vous devez porter une égale attention. On a vu des décisions impopulaires (plans sociaux, délocalisations…) qui parvenaient à être finalement entendues. On a vu aussi des responsables se casser les dents sur des décisions somme toute assez bénignes.

Autant que faire se peut, il est bon d'associer les collaborateurs au processus de décision. Dans tous les cas, il convient de **prendre le temps d'expliquer vos choix**. Exposez vos arguments de façon explicite, n'en passez aucun sous silence (il est important que votre interlocuteur ait tous les éléments d'appréciation à sa disposition) et assurez-vous que ceux-ci sont bien compris. La coloration émotionnelle que vous apportez est un élément important. Si vous usez de la peur, de l'intimidation, de la colère, vous obtiendrez en retour une réaction défensive. Si vous tenez un langage de vérité, en n'hésitant pas à dévoiler vos émotions, vous aurez plus de chance de trouver écho auprès des autres.

Conseil pratique

Apprenez à gérer l'urgence

Même en situation d'urgence, vous devez prendre le temps d'expliquer vos décisions en suivant les différentes étapes nécessaires et sans oublier aucune catégorie de personnels. Les imposer (sans les expliquer) serait un gain de temps illusoire. Vous auriez certes, dans un premier temps, la sensation d'avancer plus vite. Mais en réalité vous retarderiez du même fait le processus d'adhésion, étape indispensable de toute décision – car l'adhésion se construit très en amont, au moment des toutes premières explications.

Et vous, où en êtes-vous ?

Quelle place accordez-vous aux émotions dans vos décisions ?

Pour le découvrir et intégrer vos émotions dans votre processus décisionnel, voici une méthode fiable et rapide de prise de décision :

1. Énoncez clairement la décision à prendre en notant les deux alternatives possible :

______________________ **OU NE PAS** ______________________

2. Listez tous les avantages et les inconvénients pour chaque alternative :

Alternative 1

Avantages	Inconvénients
1	1
2	2
3	3
4	4

Alternative 2

Avantages	Inconvénients
1	1
2	2
3	3
4	4

3. En vous référant à la palette des émotions (voir chapitre 1, section 1), identifiez l'émotion ou les émotions pour chaque avantage et inconvénient et mesurez spontanément l'intensité de l'émotion sur une échelle de 0 à 10 (peu intense à très intense) :

Alternative 1

Avantages Émotions/Intensité	Inconvénients Émotions/Intensité
1 vaut :	1 vaut :
2 vaut :	2 vaut :
3 vaut :	3 vaut :
4 vaut :	4 vaut :
Total Intensité :	Total Intensité :

Alternative 2

Avantages Émotions/Intensité	Inconvénients Émotions/Intensité
1 vaut :	1 vaut :
2 vaut :	2 vaut :
3 vaut :	3 vaut :
4 vaut :	4 vaut :
Total Intensité :	Total Intensité :

4. **Vous venez de mesurer spontanément l'intensité de chaque émotion liée aux avantages et aux inconvénients, confirmez maintenant la justesse de l'intensité : vous pouvez attribuer la même note ou bien la réviser en la diminuant ou en l'augmentant selon le circuit plus long de votre réflexion ou révision :**

Alternative 1

Avantages Émotions/Justesse	Inconvénients Émotions/Justesse
1 vaut :	1 vaut :
2 vaut :	2 vaut :
3 vaut :	3 vaut :
4 vaut :	4 vaut :
Total Justesse :	Total Justesse :

Alternative 2

Avantages Émotions/Justesse	Inconvénients Émotions/Justesse
1 vaut :	1 vaut :
2 vaut :	2 vaut :
3 vaut :	3 vaut :
4 vaut :	4 vaut :
Total Justesse :	Total Justesse :

5. **Pour chacune des alternatives avec les avantages et les inconvénients, calculez l'intensité moyenne et la justesse moyenne et multipliez ces deux moyennes pour faire apparaître la décision la plus « adaptée, juste et supportable » émotionnellement pour vous et votre entourage :**

	Alternative 1		Alternative 2	
	Avantages	Inconvénients	Avantages	Inconvénients
Intensité totale				
Justesse totale				
Intensité moyenne (intensité totale x nombre d'émotions)				
Justesse moyenne (justesse totale x nombre d'émotions)				
Intensité moyenne x Justesse moyenne				

6. **Appliquez cette méthode pour toutes vos prises de décisions, seul ou en équipe.**

Pour connaître le résultat de votre autoévaluation, reportez-vous page 123.

L'essentiel

LES ÉMOTIONS SONT DES ALLIÉES DE CHOIX POUR COMMUNIQUER, DÉCIDER, MOTIVER, CHANGER, EN D'AUTRES TERMES, POUR MANAGER.

1 RESTEZ MAÎTRE DE VOS ÉMOTIONS

Faire preuve de sang-froid permet de gérer ses émotions et celles des autres, même dans les circonstances difficiles.

2 ADOPTEZ ET TRANSMETTEZ UNE VISION À LA FOIS RÉALISTE ET AMBITIEUSE

Un changement ne sera accepté que s'il est partagé par tous, et s'il porte en lui un objectif fort. Il en va de même de la motivation, qui se nourrit de défi, à condition que celui-ci soit réalisable dans un temps raisonnable.

3 PRENEZ LE TEMPS DE L'EXPLICATION

Imposer ses choix n'entraîne que peur ou colère. Les expliquer n'est pas une perte de temps. Au contraire, cela permet d'en gagner au moment de l'adhésion à un projet, une décision ou un changement.

4 SOYEZ TOUJOURS SINCÈRE

Communiquer doit être fait de manière claire, convaincante et sincère. Rien n'interdit de parler de ses émotions, bien au contraire.

5 FAITES PREUVE DE PERSÉVÉRANCE

La volonté et l'espoir de réussir, en lieu et place de la peur de l'échec, permettent de s'épanouir et d'emmener son équipe sur le terrain de l'optimisme.

Chapitre 6

Consolider son intelligence émotionnelle

Objectifs du chapitre

✗ Développer son charisme émotionnel.

✗ Devenir une personne référence.

✗ Construire des relations de travail durables.

Section 1

Anticipez et gérez les tensions et conflits

L'intelligence émotionnelle permet de mieux anticiper les éventuels conflits. Pour venir à bout des situations difficiles, positionnez-vous en tant que médiateur et invitez chacune des parties à s'exprimer afin de trouver, en commun, une solution qui convienne à tout le monde.

1 Restez en veille émotionnelle

Les tensions et conflits sont inhérents à la vie en entreprise. Ils surgissent bien souvent lorsque les responsabilités sont mal définies ou lorsqu'une personne sent que l'on empiète sur son territoire. Le sentiment de flou, et donc de danger, engendre des comportements de rivalité, voire d'opposition frontale. Un climat de suspicion, un conflit larvé ou une mauvaise ambiance détournent en effet des véritables objectifs.

À l'origine de ces tensions et conflits, on retrouve la peur. Par exemple, si un manager surveille ses collaborateurs à longueur de journée, exerce des contrôles surprises ou ne leur laisse aucune autonomie, c'est bien souvent parce qu'il appréhende l'équipe dont il a la responsabilité.

La plupart des conflits peuvent être anticipés. Pour les déminer, sachez rester en état de veille émotionnelle, que vous soyez manager ou collaborateur. **Pratiquez l'intelligence émotionnelle au quotidien**, restez à l'écoute de vos émotions et de celles des autres. Pour ce faire, ne restez pas claquemuré dans votre bureau, mais circulez dans les couloirs, attardez-vous à la machine à café, soyez aux aguets de tout signe verbal, mais aussi non verbal. En outre, si vous êtes manager, accordez de l'importance à l'organisation de votre service et prenez soin que chacun se sente investi d'un rôle valorisant.

À force d'établir et de maintenir un contact permanent avec vos collaborateurs ou collègues, vous parviendrez à **instaurer une relation de confiance mutuelle.** Ainsi, les personnes viendront plus facilement vous confier leurs appréhensions ou leur mécontentement, que vous saurez décoder comme étant de la peur ou de la colère. Un dialogue constructif peut alors s'instaurer. Prises à temps, les tensions ne dégénèrent pas en conflit.

Conseil pratique

N'entretenez pas de rivalités factices

C'est une illusion de croire qu'entretenir une rivalité entre plusieurs collaborateurs, ou faire preuve d'autoritarisme, permet d'obtenir de meilleurs résultats. Sur le long terme, la performance est au rendez-vous si le travail est basé sur des relations saines et authentiques.

2 Situez-vous en tant que médiateur

Certains conflits sont inévitables parce qu'imprévisibles ou pris trop tard. Que vous soyez manager ou membre d'une équipe, vous pouvez être en position de devoir gérer une situation de conflit ou de tension parce qu'on vous en a donné la mission. Il en va de même si vous décidez, avec raison, d'agir pour le bien général de l'équipe pour replacer la dynamique d'ensemble sur le chemin de la réussite. Laisser s'envenimer les choses, ou suivre la politique de l'autruche, ne ferait qu'aboutir au pourrissement de la situation. Une attitude dangereuse à bien des égards, et surtout improductive. La bonne posture à adopter est celle du médiateur ou du facilitateur :

✔ ***Dressez un constat :*** avant toute chose, le médiateur s'informe des faits. Il prend connaissance de tous les éléments d'une situation, en écoutant les propos et ressentis des différents protagonistes. Il facilite la prise de parole de chacun. Il dresse ensuite un constat émotionnel : quelle est la souffrance qui s'exprime, quelles sont les émotions en jeu ; quels sont les besoins non satisfaits… Un bon médiateur est capable de détecter les points qui représentent le plus de charge affective chez l'une et l'autre des parties adverses.

✔ ***Trouvez une solution :*** vous devez emmener le conflit sur le terrain rationnel du désaccord. Car tout désaccord porte en lui un accord possible. Le mieux est de provoquer une explication en commun afin d'élaborer ensemble différentes solutions de sortie de crise.

En tant que manager, vous pouvez faire appel à la méthode classique qui consiste à poser les options et à appliquer les critères de choix décidés préalablement de concert. Ainsi, le choix final emportera l'adhésion de chacun. Pour sortir du conflit, vous devez en effet aboutir à un accord gagnant-gagnant. Aucune des parties ne doit se sentir lésée ou perdante.

Si vous vous faites le médiateur d'un conflit, sans en avoir été missionné, vous pouvez de la même façon amener les différentes parties à trouver un terrain d'entente. Il sera ensuite plus facile d'aller trouver le manager pour lui exposer cette solution.

Et si vous êtes partie prenante du conflit et qu'il vous est difficile de dialoguer avec l'autre partie, vous pouvez suggérer votre solution au manager, qui alors prendra le relais pour se faire médiateur.

Conseil pratique

Ne partez pas avec la volonté de changer l'autre

L'écueil principal, lorsqu'on veut gérer un conflit, est la volonté de changer le comportement de l'autre. Au lieu de prendre à rebrousse-poil quelqu'un, mieux vaut lui faire prendre conscience de ce que son attitude provoque autour de lui. En d'autres termes, initiez-le à l'intelligence émotionnelle… Par exemple, posez-lui ces questions : « Pourquoi recourez-vous systématiquement à la colère lorsque vous demandez quelque chose à un collaborateur ? » ; « Que percevez-vous chez votre interlocuteur lorsque vous vous comportez ainsi ? » ; « Dans quel état émotionnel abordez-vous ces entretiens ? », etc.

Et vous, où en êtes-vous ?

Découvrez et développez vos talents de médiateur

Pour cela, répondez par « plutôt oui » ou par « plutôt non » aux questions suivantes :

		Plutôt Oui	Plutôt Non
1	Êtes-vous à l'écoute des signes verbaux et non verbaux de votre entourage pour repérer les tensions et anticiper les conflits ?		
2	Essayez-vous de comprendre les émotions et d'identifier les besoins insatisfaits de vos interlocuteurs en situation de conflit ?		
3	Pratiquez-vous l'empathie systématique pour expliquer les réactions émotionnelles de chacun et commencer à dialoguer ?		
4	Êtes-vous convaincu qu'en matière de conflit, attendre et « laisser pourrir » ne font qu'accroître les dissensions et paralyser la situation ?		
5	Ressentez-vous le besoin de sortir rapidement des situations difficiles en provoquant une discussion pour trouver des solutions et mettre en œuvre des ajustements ?		
6	Dit-on de vous que vous êtes conciliateur et que vous parvenez toujours à établir un consensus dans les situations délicates ?		
7	Si vous ne pouvez pas, pour des raisons multiples, gérer un conflit, avez-vous le réflexe de faire intervenir une tierce personne ?		
8	Instaurez-vous avec vos interlocuteurs un contact permanent et une confiance mutuelle pour réduire les risques de tensions ou de conflit ?		

Pour connaître le résultat de votre autoévaluation, reportez-vous page 123.

Section 2

Développez votre charisme émotionnel

Pour libérer votre charisme émotionnel, habituez-vous d'abord à utiliser l'ensemble de vos compétences émotionnelles. Votre confiance en vous sera renforcée, ainsi que votre capacité à communiquer avec les autres, à porter un projet collectif et à emporter l'adhésion. En agissant ainsi, vous saurez propager autour de vous une ambiance de travail propice à la fois à l'harmonie et à la performance, deux notions qui sont loin d'être antinomiques...

❶ Entraînez vos compétences émotionnelles

Qu'est-ce que le charisme émotionnel si ce n'est la capacité à se servir de l'ensemble de ses compétences émotionnelles pour, d'une part, asseoir sa confiance en soi et, d'autre part, emporter l'adhésion des autres par une force de conviction qui relève de l'attraction et, pourrait-on dire, d'une forme de séduction ?

La pratique de l'intelligence émotionnelle vous permet d'engranger des expériences et donc de progresser, car le cerveau sait garder en mémoire de nouveaux circuits. Entraînez-vous de façon régulière à de nouvelles compétences émotionnelles. Avec une régularité identique, procédez à une autoévaluation de vos compétences sous forme de bilan. Cela vous permettra de définir les points qu'il vous faut encore travailler ou approfondir. Au besoin, choisissez parmi votre entourage professionnel une personne de confiance, qui vous fera un retour critique d'expérience.

Ce regard peut être très enrichissant car la perception que l'on a de soi ne colle pas toujours à la réalité. Et les dialogues ainsi établis sont souvent fort instructifs.

Les 4 étapes pour entraîner son intelligence émotionnelle

étape 1

Prenez conscience de vos forces et faiblesses

Faites le point sur la personne que vous êtes aujourd'hui, repérez vos mauvaises habitudes mais aussi vos compétences relationnelles. Délimitez également les points précis à améliorer. Travaillez dans un premier temps à optimiser les aptitudes existantes et attelez-vous ensuite à votre potentiel à développer.

étape 2

Définissez des objectifs réalisables et mesurables

L'apprentissage de l'intelligence émotionnelle passe par plusieurs étapes. Ne pensez pas que la métamorphose se fera du jour au lendemain. Par contre, fixez-vous un objectif réaliste, tout en émaillant le chemin de différentes étapes concrètes que vous pourrez célébrer. Par exemple, si votre objectif est d'apprendre à bien gérer la colère, commencez par une situation simple et classique (la colère causée par un retard), avant de vous atteler à des situations plus compliquées (la colère face à une personnalité difficile, ou dans un contexte particulièrement tendu). De même, si vous souhaitez mieux communiquer, commencez par les petites réunions, avant les grandes assemblées…

étape 3

Tendez vers un idéal

Définir des objectifs réalistes n'empêche pas d'élaborer une vision idéale de la personne que vous voudriez être. Ainsi, votre motivation à développer vos aptitudes en sera renforcée. Et surtout, la formalisation de cet idéal permet de donner du sens à un projet personnel ou collectif, qui est la condition *sine qua non* pour emporter l'adhésion.

étape 4

Créez de nouveaux automatismes

C'est avec la mise en pratique renouvelée des différentes compétences liées à l'intelligence émotionnelle que vous parviendrez à créer de nouvelles habitudes et donc des automatismes. Votre charisme grandira à mesure que vous saurez gérer et utiliser vos émotions.

Exemple : vous avez le sentiment de vous montrer empathique mais la personne en face de vous ne le ressent pas. Ceci peut tenir à un détail : un regard fuyant parce que vous avez ôté vos lunettes.

L'échange avec une personne de confiance vous permettra donc de mieux percevoir tous les signes non verbaux que vous adressez.

2 Diffusez des ondes positives

Dans le charisme, il y a l'idée de magnétisme. L'intelligence émotionnelle va permettre d'installer au sein d'une équipe une atmosphère propice à l'harmonie et à la performance, dans laquelle chacun a envie de donner le meilleur de lui-même.

Orchestrez harmonieusement les émotions

Pensez à l'image d'un orchestre. Si les musiciens sont tournés sur eux-mêmes et ne sont pas curieux des autres, et si le chef d'orchestre n'est pas à leur écoute, la musique d'ensemble risque bien d'être cacophonique ou tout du moins ponctuée de notes dissonantes. Mais si chacun est à l'écoute des émotions des autres et sait diffuser des ondes positives, le concert sera tout autre… Cet exemple illustre l'importance, pour les collaborateurs comme pour le manager, de jouer à l'unisson, et de trouver la bonne note faite d'harmonie et d'exigence.

Donnez le cap

Comment pouvez-vous participer à développer un tel climat ? Tout d'abord, rappelez-vous de l'importance du rôle de l'optimisme dans l'intelligence émotionnelle. Il ne s'agit pas de faire preuve d'un optimisme béat et naïf mais d'adopter un état d'esprit qui encourage (vous et les autres) plutôt que décourage, qui emporte plutôt que freine, qui fait naître les idées et les initiatives au lieu de les étouffer…

A fortiori si vous êtes manager, il vous incombe de donner le cap et d'entraîner chacun vers une direction émotionnelle positive. Vous devez ainsi puiser dans le registre des émotions porteuses de sens, comme la joie ou le désir. Et rappelez-vous que vous n'atteindrez vos objectifs qu'avec une équipe. Seul, vous n'accomplirez rien d'important.

Conseil pratique

Jouez sur différents registres pour manager

La pratique de l'intelligence émotionnelle ne vous empêche pas de jouer sur différents registres émotionnels, selon la situation que vous devez gérer. Dans une situation de crise par exemple, il est certain que votre côté autoritaire l'emportera sur celui de partenaire ; vous imposerez alors vos choix, sans prendre forcément le temps de les expliquer. L'important est de ne pas rester sur ce type de comportement sur le long terme et de savoir user différentes cordes émotionnelles. L'intelligence émotionnelle, justement, est de savoir jouer de ces registres, en fonction de la situation donnée, de la dynamique d'un groupe ou de la personnalité d'un collaborateur. Sachez qu'il existe plusieurs rôles :

→ Le visionnaire : en donnant un cap, un objectif à atteindre, il permet à chacun de s'inscrire dans une vision d'ensemble et de partager ses valeurs.

→ L'entraîneur : il manifeste une attention particulière aux ressentis de ses collaborateurs, en faisant preuve d'empathie pour accroître la motivation de chacun.

→ Le partenaire : il est soucieux de répondre aux besoins émotionnels de ses collaborateurs, la performance passant au second plan. Si vous tenez ce rôle, il est important d'être aussi visionnaire afin de fixer des normes et une finalité.

→ Le démocrate : il mise sur le travail en équipe, la coopération, pour qu'un consensus se crée. Attention cependant à ne pas tomber dans l'indécision. À un moment ou à un autre, vous devez savoir trancher.

→ Le gagneur : il est dans la recherche de l'excellence et aura tendance à créer un climat émotionnel difficile. Ce rôle convient lorsque le groupe est très motivé et exige un encadrement réduit.

→ L'autoritaire : il n'a qu'une idée en tête, obtenir de meilleurs résultats. Il ne prend pas le temps de la réflexion ni de l'explication ; il impose ses choix, il ne connaît pas les compliments ni les encouragements.

Section 3

Devenez une personne référence

Inscrire dans la durée la pratique de l'intelligence émotionnelle implique d'être en constante écoute de ses émotions et de celles des autres. Chaque jour ou presque est un nouvel apprentissage, ou tout du moins invite à un réexamen de vos connaissances. Le stade ultime de l'intelligence émotionnelle réside dans le partage. Devenez un référent, initiez vos coéquipiers à votre vision des relations de travail.

1 Adoptez une hygiène émotionnelle

Libérer votre charisme émotionnel est une chose, encore faut-il l'inscrire dans la durée. Pour cela, vous devez suivre une hygiène qui consiste en premier lieu à prendre soin de vous, puis à vous tourner vers les autres. Ainsi, vous ferez du développement durable et parviendrez à élever en modèle et pérenniser votre intelligence émotionnelle, garante de performance et de réussite professionnelle.

✔ ***Maintenez-vous en forme émotionnelle,*** c'est-à-dire restez à l'écoute de vos émotions, continuez à les déchiffrer, à comprendre comment et pourquoi elles affectent vos actions. Vous opérez là sur une matière vivante. Rien n'est jamais complètement acquis, tout est en mouvement. Les choses se déplacent. D'année en année, d'expérience en expérience, votre parcours s'enrichit de nouvelles émotions. Il vous faut toujours garder une « conscience de vous » éclairée et ne pas vous endormir sur vos acquis. L'intelligence émotionnelle, comme la vie, est un éternel apprentissage. La maîtrise de vos émotions vous permettra de franchir les étapes, avec confiance et optimisme.

✔ ***Travailler sur vous est donc la condition première pour cultiver et pérenniser vos aptitudes émotionnelles.*** Après la sphère plus personnelle, vient celle qui vous lie aux autres. Pratiquez l'empathie systématique pour comprendre les autres, leurs émotions, leurs besoins et développer ainsi votre sens des rapports humains. Comme pour vos propres émotions, il s'agit de rester en permanence tourné vers les autres. Pensez ainsi à valoriser les sentiments témoignés spontanément. Par exemple, devant une manifestation de joie à l'annonce d'un bon trimestre, ne jouez pas les trouble-fête en disant : « Nous n'avons pas le temps de fêter cela, le prochain s'annonce difficile, mettons-nous au travail dès à présent. » Sachez au contraire accueillir cette émotion positive et faire en sorte qu'elle se transforme en moteur collectif : « Vous avez raison, nous devons fêter les efforts accomplis qui nous ont permis de constater aujourd'hui ces bons résultats. Persévérons, restons sur la même dynamique pour pouvoir fêter de la même façon qu'aujourd'hui la fin du trimestre prochain. » Bien entendu, cette attitude ne fonctionne que si vous y croyez sincèrement et que vous éprouvez aussi ces émotions positives. L'écoute des autres et plus encore la coopération impliquent la confiance, autrement dit un engagement mutuel et authentique.

Mémento

L'intelligence émotionnelle va de pair avec la performance

Efficacité et bien-être au travail ne sont plus considérés comme antinomiques. De nombreuses études montrent en effet qu'il existe un lien fort entre les deux. Ainsi, l'ambiance de travail, l'autonomie, la qualité des rapports humains sont souvent cités avant le salaire dans les critères de motivation...

Vous devez, en outre, savoir faire preuve de souplesse et vous adapter aux différentes personnalités. Certaines personnes n'aiment pas dévoiler leurs émotions. Il faut leur laisser le temps d'apprendre à les exprimer.

2 Partagez votre intelligence émotionnelle

Le fait même de pratiquer tous les jours l'intelligence émotionnelle permet d'initier votre entourage professionnel à ces habiletés. L'écoute active de leurs émotions implique que vous posiez des questions pour vous assurer d'avoir bien compris les besoins sous-jacents, voire cachés, et d'avoir bien été compris par votre interlocuteur. D'une certaine façon, ce premier échange va l'obliger, ou du moins l'inciter, à se pencher sur lui-même et à travailler sur l'expression et le ressenti de ses propres émotions. Un parallèle peut être fait avec la pratique du coaching : en posant les bonnes questions à des moments clés, le spécialiste invite le coaché à la réflexion. Il ne s'agit pas de faire de vous des psys de l'intelligence émotionnelle, mais juste de montrer que votre pratique même de l'intelligence émotionnelle va faire bouger les « blocs » autour de vous. Le transfert commence par là.

La suite va dépendre de votre capacité à faire partager votre vision de l'entreprise émotionnellement intelligente. Souvenez-vous que la conscience de vos forces et faiblesses, votre optimisme, votre empathie libèrent votre charisme émotionnel. Vos collaborateurs et collègues vont alors se tourner plus spontanément vers vous. Contagieuse, votre intelligence émotionnelle va encourager le même type de comportement et nourrir des relations de travail harmonieuses mais néanmoins performantes. Le modèle que vous proposez va acquérir valeur d'exemple et, *a fortiori*, entraîner l'adhésion.

Des méthodes comme le coaching, le tutorat ou la formation permettent de découvrir la pratique de l'intelligence émotionnelle. Vous pouvez inciter vos coéquipiers à suivre de tels stages. Dans tous les cas, sachez que la meilleure recette pour partager votre intelligence émotionnelle, c'est d'avoir le goût des autres.

Mémento

Le coaching émotionnel

Conséquence du nouveau statut de l'intelligence émotionnelle au travail, le coaching émotionnel a fait son apparition au début du XXIe siècle. À l'origine, il y a souvent des demandes comme : « Je n'arrive pas à prendre la parole en public », « Je m'effondre à la première critique », « Je me laisse envahir par mes émotions au travail », « Je ne sais plus comment gérer la colère de mon manager », « Je ne trouve plus de motivation dans mon travail »... Nous pourrions citer beaucoup d'autres exemples, tant les situations sont nombreuses de l'utilisation des émotions au travail. Le coaching permet aux personnes de prendre conscience du mécanisme émotionnel qui s'opère en elles, de nommer leurs émotions et de développer leur autonomie affective. Il propose de mettre en place une stratégie afin d'atteindre des objectifs sur-mesure. Notez qu'un coaching émotionnel peut avoir lieu à l'échelle de l'équipe. Il traite non seulement des problématiques propres à la communication d'équipe mais aussi à l'organisation.

Section 4

Capitalisez votre expérience

La maîtrise de vos émotions va vous permettre de multiplier les situations où vous vous sentez confortable et en pleine possession de vos moyens, jusqu'à ce que celles-ci deviennent votre quotidien. Plus encore, votre nouvel état d'esprit va concourir à concrétiser l'intelligence émotionnelle au sein de votre équipe.

❶ Étendez votre zone de confort

L'intelligence émotionnelle permet d'appréhender toutes les situations de travail dans une optique de bien-être et de réussite professionnelle. Néanmoins, il persiste souvent des situations compliquées à gérer, soit parce qu'elles sont nouvelles, soit parce que vous travaillez encore à combattre certains de vos automatismes. Pour capitaliser sur l'avenir, il convient d'étendre votre zone de confort. Pour y parvenir, commencez par identifier les différentes zones existantes :

- ✔ ***les zones de confort :*** il s'agit de situations qui étaient au départ difficiles pour vous mais que vous parvenez à présent à gérer grâce à la pratique de l'intelligence émotionnelle ;
- ✔ ***les zones de progrès :*** il s'agit de situations que vous parvenez à gérer une fois sur deux et qui sont donc encore difficiles pour vous ;
- ✔ ***les zones de panique :*** il s'agit de situations que vous n'arrivez pas du tout à gérer. Ne vous inquiétez pas pour autant, car

Mémento

La récurrence permet d'agrandir votre zone de confort

C'est bien la pratique répétée de l'intelligence émotionnelle, autrement dit de l'écoute de vos émotions et de celle des autres, et de l'expression de vos émotions, qui vous permettra de multiplier les situations émotionnellement confortables. De même, plus vous ferez face à des situations récurrentes, plus vous serez à l'aise pour les gérer.

une zone de panique peut devenir une zone de progrès, puis de confort.

Le but est donc d'élargir le plus possible le champ des situations professionnelles où vous vous sentez confortable et en pleine possession de vos moyens.

❷ Transmettez un nouvel état d'esprit

Pour concrétiser l'intelligence émotionnelle au sein de votre équipe, et *a fortiori* de votre entreprise, soyez porteur d'un nouvel état d'esprit, et plus encore d'un nouvel art de vivre au travail. N'hésitez pas à réaffirmer votre vision des relations de travail à la fois harmonieuses et efficaces. Par ailleurs, des outils concrets existent, qui peuvent être mis en pratique facilement.

⏭ Soignez la communication

Le silence, la désinformation, le non-dit entretiennent les fantasmes et les rumeurs, et encouragent la manifestation d'émotions négatives. L'intranet, les réunions d'information régulières, la communication interne constituent des éléments précieux pour empêcher ces dérives. Il est, en outre, important qu'existent des temps de parole où chacun se sente libre d'exprimer ses émotions sans crainte. En tant que manager, vous pouvez mettre en place cela. Autrement, vous pouvez vous faire le porte-parole de cette demande d'une meilleure communication interne.

⏭ Encouragez la cohésion du groupe

Tout un chacun, quelle que soit sa fonction, participe à l'harmonie de l'équipe en faisant preuve d'ouverture, d'attention aux émotions des autres mais aussi de volontarisme de mener, ensemble, un projet. Certains événements fédérateurs permettent de créer des signes de reconnaissance qui encouragent et diffusent les émotions positives : fêtes, journées spéciales, etc. À vous d'en être le déclencheur !

Pour aller plus loin

Bibliographie

→ Antonio-R. Damasio, *L'Erreur de Descartes*, Odile Jacob.

→ Daniel Chabot, *Cultivez votre intelligence émotionnelle,* Éditions Quebecor.

→ Viviane Dubos, *Les Émotions, comment s'en faire des alliées avec les outils de la PNL*, ESF Éditeur.

→ Isabelle Filliozat, *L'Intelligence du cœur*, Éditions Marabout.

→ Daniel Goleman, *L'Intelligence émotionnelle 1 et 2,* J'ai lu.

→ Daniel Goleman, Richard Boyatzis, Annie McKee, *L'Intelligence émotionnelle au travail*, Éditions Village Mondial.

→ Catherine Lainé et Étienne Roy, *Du bon usage des émotions au travail*, ESF Éditeur.

Et vous, où en êtes-vous ?

Quel référent êtes-vous ?

Pour le savoir exactement, répondez le plus sincèrement possible au questionnaire suivant, en entourant le chiffre d'une des cases de droite correspondant à votre réponse :

		Tout à fait	Plutôt	Pas du tout
1	J'essaie de développer une vision de ma stratégie, un idéal, et d'apporter un sens aux axes de travail et de développement pour mon équipe.	5	3	1
2	Je crée les conditions de l'enthousiasme, du désir, de la motivation et je les entretiens.	5	3	1
3	Je suis optimiste, dynamique et confiant, et j'essaie d'insuffler ces trois qualités aux autres en développant des relations de coopération.	5	3	1
4	J'explique toujours mes choix et pratique le plus possible la concertation et la prise de décision participative.	5	3	1
5	Je définis clairement les missions, les objectifs et les territoires au sein de l'équipe et demande à mes coéquipiers de repérer leurs interactions pour anticiper les éventuelles tensions ou recoupement d'actions.	5	3	1
6	Je ne laisse jamais pourrir une situation conflictuelle et pratique la résolution de conflit ou de problème le plus tôt possible et encourage mes interlocuteurs à dénouer les tensions avant d'aboutir au conflit.	5	3	1
7	Je cherche à créer et à maintenir un climat d'équipe serein, constructif, de libre-échange, harmonieux.	5	3	1
8	J'organise régulièrement des occasions de se réunir, de fêter et de valoriser nos réussites en équipe, tels des rituels pour maintenir notre cohésion et notre motivation.	5	3	1

		Tout à fait	Plutôt	Pas du tout
9	Je travaille régulièrement avec mon équipe sur les flux et les circuits d'information et la fluidité de la communication.	5	3	1
10	J'invite plusieurs fois par an des intervenants extérieurs, formateurs, consultants, personnalités sportives ou artistiques, pour développer ensemble notre réflexion, maintenir notre savoir et notre savoir-faire, accompagner notre savoir-être en équipe.	5	3	1
11	Je cherche toujours à mobiliser les cœurs et les esprits pour créer une synergie d'équipe et maintenir les énergies.	5	3	1
12	Je n'hésite pas à accompagner ou à coacher un coéquipier en difficulté sur un dossier ou avec un interlocuteur interne ou externe, l'entraide est une de nos pratiques dans notre « art de vivre » en équipe.	5	3	1
13	Je recrute toujours avec un souci d'équilibre et de complémentarité pour créer une équipe innovante qui s'enrichit mutuellement de ses différences mais qui partage les mêmes valeurs.	5	3	1
14	Je travaille de façon permanente sur moi, mon authenticité, ma maîtrise émotionnelle et je cultive l'empathie.	5	3	1
15	Je réponds toujours aux questions de mes homologues : « Quel est ton secret de management d'équipe ? » pour leur transférer un peu de mon intelligence émotionnelle et leur recommander de s'inscrire à un séminaire « Comprendre et gérer vos émotions et celles des autres ».	5	3	1

Pour connaître le résultat de votre autoévaluation, reportez-vous page 124.

L'essentiel

CONSOLIDER SON INTELLIGENCE ÉMOTIONNELLE, C'EST DEVENIR UNE PERSONNE RÉFÉRENCE ET FAIRE EN SORTE D'INSCRIRE DANS LA DURÉE DES RELATIONS DE TRAVAIL HARMONIEUSES MAIS NÉANMOINS EFFICACES.

1 PRATIQUEZ L'INTELLIGENCE ÉMOTIONNELLE AU QUOTIDIEN

L'entraînement permet d'acquérir une meilleure connaissance et compréhension de soi et des autres, et de rester sur le qui-vive. Car en matière d'émotions, les choses changent vite.

2 DANS LES CONFLITS, JOUEZ LES MÉDIATEURS

Mettre à jour les conflits et entendre les arguments et ressentis des différents protagonistes afin de trouver une solution gagnant-gagnant.

3 INSTAUREZ UNE RELATION DE RÉCIPROCITÉ

Pour être durable, une relation de travail doit être mutuelle et basée sur l'authenticité. Les collaborateurs viennent plus facilement confier leurs émotions à quelqu'un qui écoute et apporte des réponses, et sait aussi faire part de ses propres émotions.

4 SACHEZ JOUER SUR DIFFÉRENTS REGISTRES ÉMOTIONNELS

Un leader émotionnellement intelligent sait, selon la situation, être visionnaire, partenaire, démocrate ou entraîneur.

5 SOYEZ EXEMPLAIRE

Le comportement est le meilleur argument pour cultiver un nouveau mode de management dans l'équipe ou l'entreprise, un management où performance et bien-être vont de concert.

Résultats des exercices

p. 13 La palette des émotions

Vous constatez que la variété et les nuances des états émotionnels sont extrêmement riches. Ainsi une série de plus de dix adjectifs correspond à chaque type d'émotions.

	PEUR/ SURPRISE	COLÈRE	TRISTESSE/ DÉGOÛT	JOIE/DÉSIR
Heureux				X
Peiné			X	
Furieux		X		
Terrifié	X			
Amer			X	
Tendu		X		
Émerveillé				X
Stressé	X			
Agité		X		
Interdit	X			
Écœuré			X	
Confiant				X
Charmé				X
Déprimé			X	
Agressif		X		
Méfiant	X			
Surpris	X			
Irrité		X		
Mélancolique			X	
Exalté				X
Soucieux	X			
Hystérique	X			
Apathique			X	
Motivé				X
Contrarié		X	X	
Attiré				X
Glacé	X			
Jaloux	X	X		
Indifférent			X	
Euphorique				X
Impuissant	X			
Frustré			X	
Troublé	X			
Résigné			X	
Serein				X
Combatif		X		

p. 24

Quel est le profil émotionnel de votre entreprise ?

→ **Si vous avez sélectionné les phrases 1, 4 et 7, ou au moins deux d'entre elles :** votre entreprise « manage » par le stress, voire la peur et/ou la menace. L'effet de surprise ou la déstabilisation sont des moyens fréquemment utilisés, même si règnent un certain ordre et un certain contrôle. Votre entreprise s'inscrit dans une course perpétuelle au quotidien et la pression qui en découle est forte.
Les questions à vous poser : ce niveau de stress correspond-il à un besoin chez vous ? Est-il supportable pour vous ?

→ **Si vous avez sélectionné les phrases 2, 8 et 11, ou au moins deux d'entre elles :** votre entreprise « divise pour mieux régner » ; son type de management génère des tensions et des conflits qu'elle ne parvient pas à gérer. Dans votre entreprise, le manager a toujours raison sur tout et contre tous ; il manage à l'affectif et n'hésite pas à laisser éclater sa colère.
Votre entreprise est comme une grande famille, rassurante, mais qui possède tous les travers d'une structure paternaliste. Il est difficile d'exprimer ses émotions personnelles puisqu'il faut adhérer aux émotions collectives.
Les questions à vous poser : aimez-vous cette symbiose ? Ne ressentez-vous pas le besoin d'exprimer votre différence ?

→ **Si vous avez sélectionné au moins quatre phrases parmi les phrases 1, 2, 4, 7, 8 et 11 :** votre entreprise conjugue un management par le stress, la peur et la colère. La division, les tensions, la pression constituent une entrave à l'action et consomment trop d'énergie pour que vous soyez en mesure d'être réellement performant et serein. Vous en avez pris conscience et vous prenez du recul dans le but de mieux rebondir ailleurs !

→ **Si vous avez sélectionné les phrases 5, 9 et 12 :** votre entreprise se cherche et ressent une certaine mélancolie ou tristesse qui est contagieuse sur ses employés. Elle possède des valeurs, des enjeux et des pratiques qui ne correspondent pas ou plus à vos finalités, vos aspirations et vos valeurs personnelles.
La question à vous poser : certaines incompatibilités ne peuvent être résolues, alors pourquoi ne pas migrer vers une entreprise qui vous ressemble plus ?

→ **Si vous avez sélectionné les phrases 3, 6 et 10 :** votre entreprise est conviviale, suscite votre motivation, donne des signes de reconnaissance à ses employés, rassemble autour de projets valorisants, mise sur son capital humain et sur la cohésion des équipes. Elle lance des défis, accompagne, suit l'évolution de ses salariés. Elle dispense un management participatif et de proximité. Les émotions occupent une juste place dans cette entreprise adulte. Vous êtes heureux dans votre entreprise et c'est communicatif !

p. 31

Êtes-vous capable de laisser parler vos émotions ?

Pour effectuer votre autodiagnostic, totalisez les points que vous avez entourés.

→ **Si vous avez totalisé moins de 12 points :** vous êtes quelqu'un de très mesuré et peu expansif. Vous ne laissez pas parler facilement vos émotions et vous les retenez car vous ne voulez pas les écouter.
Les questions à vous poser : quels sont les freins qui vous empêchent d'exprimer vos émotions ? Avez-vous déjà essayé de nommer vos émotions ? (Pour vous aider, reportez-vous à la section 2 du chapitre 2)

→ **Si vous avez totalisé de 12 à 32 points :** vous savez libérer vos émotions pour les écouter puis en tenir compte dans vos actions. Vos émotions sont devenues vos alliées et sont sources d'informations pour orienter votre action.

→ **Si vous avez totalisé plus de 32 points :** vous savez libérer vos émotions très spontanément sans aucun filtre. Vous êtes quelqu'un de très réactif. Vos actions traduisent immédiatement et directement vos émotions sans recul.
La question à vous poser : pourquoi ne pas prendre le temps d'écouter vraiment vos émotions ? (Pour vous aider, reportez-vous à la section 2 du chapitre 2)

p. 43

Test QE

Pour effectuer votre autoévaluation :
→ comptez 5 points pour chacune des affirmations suivantes : 1b, 2c, 3b, 4b et 5c ;
→ comptez 3 points pour chacune des affirmations suivantes : 1c, 2b, 3c, 4c et 5a ;
→ comptez 1 point pour chacune des affirmations suivantes : 1a, 2a, 3a, 4a et 5b.
Faites le total général et découvrez votre niveau de QE :

→ **Si vous avez totalisé 25 points :** vous avez un QE très élevé, vos émotions sont parfaitement gérées par vous et pour les autres, elles sont autant de signaux qui vous permettent de vous adapter en toutes circonstances et d'être en cohérence avec vous-même et avec les autres. Vous êtes donc intelligent émotionnellement.

→ **Si vous avez totalisé entre 17 et 23 points :** vous avez un QE élevé, vos émotions sont maîtrisées et bien gérées, vous êtes confortable avec vos émotions et celles des autres. Vous disposez donc de tous les moyens pour développer votre QE au maximum.

→ **Si vous avez totalisé entre 13 et 15 points :** vous avez un QE moyen, vos émotions sont encore délicates à gérer pour vous et face à votre entourage. Toutes vos émotions ne sont pas gérées avec la même facilité selon les interlocuteurs et les situations, mais vous connaissez le chemin à emprunter et la voie à développer. Il vous suffit donc d'avoir un peu plus d'entraînement !

➜ **Si vous avez totalisé entre 7 et 11 points :** vous avez un QE bas, vos émotions ne sont pas ou peu gérées, elles sont subies par vous et par les autres ; ce qui vous joue des tours ! Vous devez donc apprendre à mieux identifier et à mieux gérer vos émotions et celles des autres. Vous découvrirez ainsi un réel confort avec vous-même et vos interlocuteurs (pour vous aider, reportez-vous aux chapitres 3 à 6) !

➜ **Si vous avez totalisé 5 points :** vous avez un QE très bas, vos émotions vous paniquent et vous occasionnent de mauvaises surprises ainsi qu'auprès de votre entourage, vous retenez vos émotions au point de passer pour un indifférent « cadenassé à double tour », ou bien vous explosez de façon disproportionnée tel un ressort. C'est une situation très inconfortable pour vous et pour les autres. Vous devez donc apprendre à apprivoiser vos émotions, soyez à l'écoute de ce qu'elles signifient, réfléchissez aux signaux qu'elles vous envoient et commencez à prendre du recul pour réagir de façon plus adaptée aux situations. Il est toujours stimulant et enrichissant d'entreprendre ce voyage en soi puis vers les autres.
Attention ! Ce test n'est pas un instrument scientifique pour mesurer votre QE, il vous permet d'approcher la tendance de votre QE.

p. 49

Dressez le bilan de votre « conscience de soi » et apprenez à la développer

➜ **Si vous avez répondu oui à toutes les questions,** votre « conscience de soi » est un gouvernail intérieur qui limite l'impact négatif de vos émotions sur vos actions, votre comportement et vos décisions.

➜ **Si vous avez répondu non principalement à la question 6 :** reprenez la définition de la réaction émotionnelle conditionnée, celle liée à un stimulus conditionné ou l'association entre certains stimuli et réactions enregistrées dans la mémoire émotionnelle. Pour opérer le déconditionnement, prenez une situation qui vous fait réagir au quart de tour et notez les détails chronologiques des faits, les éléments verbaux – questions, réponses, affirmations – et non verbaux – les gestes et les signes physiques de votre réaction émotionnelle. Repérez exactement à quel moment précis et pour quel élément vous avez réagi, par exemple, une intonation ironique, un geste de fermeture ou un regard condescendant peuvent représenter des stimuli concrets qui déclenchent ou décuplent l'émotion. La démarche est de décrypter le stimulus conditionné déclencheur pour le désamorcer dans le but de se désensibiliser ou se déconditionner. Pour réussir cette opération de déconditionnement, recensez plusieurs situations d'importance variable pour vous, porteuses du même stimulus, et exposez-vous, par l'imagination et en état de relaxation, à ces différentes situations, de la plus petite intensité à la plus forte. Cette expérience démontre que l'état de relaxation abaisse le taux d'hormones liées au stress et évite le déclenchement de la réaction émotionnelle conditionnée. Reproduisez et étendez cette expérience à tous les stimuli conditionnés que vous repérez pour vous déconditionner.

➜ **Si vous avez répondu non à la question 7 :** pensez aux différents besoins, tels le besoin de sécurité, celui d'être parfait, d'avoir raison et d'être approuvé, de contrôler, d'être aimé, d'avoir le pouvoir... qui influencent votre réponse émotionnelle en situation.

➜ **Si vous avez répondu non à la question 8 :** reprenez la situation du stimulus conditionné et reliez vos ressentis à un ou plusieurs besoins recensés en section 1 du chapitre 3, vous comprendrez la place qu'ils occupent dans votre réaction émotionnelle : ils accentuent votre émotion de peur ou de colère ou bien de tristesse. Pour en réduire l'impact, entraînez-vous, par l'imagination et en état de relaxation, puis dans la réalité, à les remplacer systématiquement par des pensées rationnelles. Par exemple, votre besoin de tout contrôler et d'être parfait vous conduit à une réaction violente de colère en cas de déformation d'une information, substituez à cette réaction une pensée rationnelle, celle de se dire que la pression du client et la surcharge actuelle de travail ont produit une interprétation hâtive de l'information. Vous constaterez une atténuation de votre émotion de colère. Répétez cet exercice conscient aussi souvent que nécessaire. Sachez enfin que la conscience de soi s'accompagne de cette volonté d'autoanalyse et d'introspection.

.61 À quel étage de l'ascenseur émotionnel vous situez-vous ?

➜ **Si vous avez sélectionné au moins trois affirmations parmi celles-ci : 1a, 2b, 3b, 4c,** vous vous situez au rez-de-chaussée dit « reptilien ». Appuyez sur le bouton 2 de l'ascenseur pour prendre du recul par rapport à vos réactions immédiates de peur, de colère, de tristesse et de joie. Travaillez sur l'accueil des stimuli déclencheurs d'émotions, sur les émotions ressenties et leur juste expression.

➜ **Si vous avez sélectionné au moins trois affirmations parmi celles-ci : 1b, 2c, 3a, 4b,** vous vous situez au premier étage dit « limbique ». Reprenez l'ascenseur vers le deuxième étage pour dépasser votre état émotionnel de contrariété engendré par des émotions non libérées et conservées en vous. Exprimez ce que vous ressentez et ce que vous souhaiteriez pour établir une autre relation plus constructive avec les autres et avancer dans vos projets avec affirmation et positivité.

➜ **Si vous avez sélectionné au moins trois affirmations parmi celles-ci : 1c, 2a, 3c, 4a,** vous vous situez au deuxième étage dit « cortical ». Bravo ! Vous faites preuve de « conscience de soi », de recul, d'une capacité d'analyser les situations et vos ressentis. Vous pouvez ainsi exprimer vos émotions avec justesse et de façon calibrée selon vos interlocuteurs.

p. 67 Quel type d'« écoutant » êtes-vous ?

➔ **Si vous avez répondu « Plutôt oui » aux questions 1, 2, 4, 5, 9, 10 et « Plutôt non » aux questions 3, 6, 7, 8 :** vous êtes un vrai écoutant qui dispose d'une compétence personnelle d'écoute (l'écoute active) et d'une compétence sociale d'ouverture et de réception aux autres. Vos pratiques vous mènent à l'empathie, qui vous permet de capter les sentiments et les idées de vos interlocuteurs, d'en éprouver un réel intérêt et de déceler les vrais besoins des autres.

➔ **Si vous avez répondu en majorité « Plutôt non » aux questions 1, 2, 4, 5, 9, 10 et « Plutôt oui » aux questions 3, 6, 7, 8 :** vous devez apprendre à mieux écouter, à rester silencieux (tant verbalement que dans votre gestuelle) quand vous êtes en situation d'écoute et vous devez également apprendre à faire preuve de patience. Votre tendance interventionniste en phase d'écoute ne doit pas se transformer en attitude passive mais vous pouvez donner des signes d'écoute active en hochant la tête, en regardant attentivement votre interlocuteur pour l'engager à poursuivre ce qu'il dit.

p. 79 Quel est votre canal de communication privilégié ?

➔ **Si vous avez choisi en majorité les réponses 1b, 2c, 3a, 4b, 5a, 6a :** votre canal de communication et d'écoute ou d'observation passe par les yeux. Vous captez les émotions des autres par votre canal visuel essentiellement et observez les signes non verbaux. Vos indicateurs sont les gestes, les attitudes physiques, la démarche, la posture, les mimiques, le look ou la présentation générale d'une personne. Vous détectez la pâleur soudaine de la personne aux prises avec la peur ou l'afflux sanguin de celui qui ressent de la colère. Vous êtes sensible aux couleurs, à la décoration, aux documents visuels et graphiques.

➔ **Si vous avez choisi en majorité les réponses 1c, 2b, 3c, 4d, 5c, 6c :** votre canal de communication passe par l'impression, le tactile, le ressenti d'ambiances. Vous êtes un kinesthésique ou sensitif et ressentez les émotions des autres en instantané. Vous captez la gêne, le malaise, le trac, le stress, l'émoi, le trouble, la souffrance de vos interlocuteurs sans avoir besoin de verbaliser, de communiquer avec des mots. Vos indicateurs sont la sensation, l'impression, le climat ou l'ambiance, l'atmosphère d'une réunion par exemple... mais aussi l'observation de signes non verbaux qui, mis bout à bout, vous donnent ou vous laissent une impression que vous pouvez arriver facilement à qualifier. L'essentiel n'est-il pas invisible pour les yeux ?

➔ **Si vous avez choisi en majorité les réponses 1a, 2d, 3d, 4a, 5b, 6d :** votre canal de communication passe par la compréhension intellectuelle, par la conceptualisation, par ce que vous entendez réellement, par ce qui est dit, verbalisé, objectivé. Vous êtes un auditif, vous analysez les propos et êtes essentiellement attentif à l'aspect verbal de vos interlocuteurs, vous pouvez tenir compte du paraverbal comme le ton, le rythme, la respiration, le positionnement de la voix qui traduisent des émotions de peur, de colère, de tristesse, de désir et sont autant d'indicateurs pour capter les émotions des autres.

➜ **Si vous avez choisi en majorité les réponses 1d, 2a, 3b, 4c, 5d, 6b :** votre canal de communication est le dialogue intérieur, vous communiquez principalement avec vous-même, vous êtes au cœur de vos pensées et préoccupations, imperméable aux événements et aux comportements des autres. Un conseil : décentrez-vous et observez les réactions et les attitudes de vos proches. Écoutez avec attention leurs propos et interrogez-vous sur ce qu'ils ressentent, questionnez votre entourage, échangez sur des ressentis.

➜ **Si vos réponses sont équitablement réparties entre 1b, 2a, 3a, 4b, 5a, 6a, 1c, 2b, 3c, 4d, 5c, 6c :** vous êtes visuel et kinesthésique et disposez de deux types d'indicateurs pour capter de manière plus fiable et plus rapide les émotions des autres. Bravo ! Il ne vous reste plus qu'à vous concentrer sur le paraverbal et le verbal (grâce au canal auditif) et vous accéderez au « global », toutes vos antennes sorties et prêtes à capter les émotions d'interlocuteurs visuels, kinesthésiques ou auditifs.

.85 Savez-vous vous servir de vos émotions pour communiquer ?

Il n'existe pas de corrigé pour cet exercice. À vous de dresser votre propre bilan !
Ces mises en situations professionnelles doivent vous permettre de :
➜ bien cerner ce que vous faites déjà ;
➜ vous proposer de réfléchir à ce que vous pourriez faire en tant qu'acteur de l'entreprise émotionnellement intelligent ;
➜ renforcer votre charisme émotionnel (conscience de soi, maîtrise de soi, motivation, empathie, sens des rapports humains).

.96 Quelle place accordez-vous aux émotions dans vos décisions ?

Il n'existe pas de corrigés pour cet exercice. À vous de dresser votre bilan personnel sur cette question.

103 Découvrez et développez vos talents de médiateur

➜ **Si vous avez répondu oui à toutes les questions :** vous êtes un médiateur émotionnel hors pair, vous avez une perception fine et pro-active des situations, vous êtes attentif aux émotions des autres et pouvez ainsi prévenir les tensions grâce à votre empathie, votre ouverture et votre capacité à dialoguer. Votre intelligence émotionnelle vous permet aussi de gérer un conflit. Bravo !

➜ **Si vous avez répondu oui à la majorité des questions :** vos qualités de médiateur ne demandent qu'à être développées, vous en avez d'ailleurs le potentiel. Pour y travailler, reprenez tous les conseils de la section 1 du chapitre 6 et vous deviendrez un médiateur préventif.

➔ **Si vous avez répondu non à la plupart ou à la totalité des questions :** vous redoutez encore le conflit et préférez le laisser pourrir, analysez cette peur ou ce réflexe conditionné de la politique de l'autruche pour pouvoir affronter les situations difficiles et dialoguer avec vos interlocuteurs. Le silence ou l'indifférence vous enferme, ainsi que vos interlocuteurs ; le dialogue et l'ouverture vous permettent de construire ensemble des solutions et de réajuster les relations. Reportez-vous à la section 1 du chapitre 6 pour travailler sur vous en tant que médiateur.

p. 114 Quel référent êtes-vous ?

Totalisez le nombre de points obtenus aux questions et reportez-vous au paragraphe qui vous concerne :

➔ **Entre 75 et 55 points :** vous êtes un catalyseur, un manager émotionnellement intelligent, doté d'un charisme émotionnel qui fait de vous un référent, un modèle, un coach émotionnel pour vos équipes et vos homologues. Bravo !

➔ **Entre 55 et 35 points :** vous pratiquez l'intelligence émotionnelle dans plusieurs situations mais vous devez étendre votre sphère de résonance avec votre équipe pour l'accompagner émotionnellement et avec charisme.

➔ **Entre 35 et 15 points :** vous manquez de confiance en vous pour développer l'intelligence émotionnelle auprès de votre équipe. Travaillez parallèlement l'estime de soi et la conscience de soi, puis la maîtrise émotionnelle et l'empathie avant de pouvoir coacher émotionnellement une équipe.

Achevé d'imprimer
en septembre 2012
par DIMOGRAF
Bielsko-Biala, Pologne